Ruth Heil

Mit 40 fängt Frau an zu leben

Tipps von Frau zu Frau

SCM Hänssler

SCM

Stiftung Christliche Medien

10. Auflage 2010
Bestell-Nr. 394.946
ISBN 978-3-7751-4946-4

Überarbeitete Nachauflage in neuer Rechtschreibung.
Dieser Titel erschien zuvor unter der ISBN 978-3-7751-9159-3.

© Copyright der deutschen Ausgabe 1998 und 2008 by
SCM Hänssler im SCM-Verlag GmbH & Co. KG · 71088 Holzgerlingen
Internet: www.scm-haenssler.de
E-Mail: info@scm-haenssler.de
Umschlaggestaltung: oha werbeagentur gmbh, Grabs, Schweiz;
www.oha-werbeagentur.ch
Titelbild: fotolia.de
Satz: typoscript GmbH, Kirchentellinsfurt
Druck und Bindung: CPI – Ebner & Spiegel, Ulm
Printed in Germany

Inhalt

Vorwort

»Was soll die Zahl vierzig so Magisches haben«, sagte ich lachend zu Frauen, die warnend ihren Zeigefinger hoben, als sie hörten, dass ich vierzig werde. »Dazu stehe ich. Es macht mir gar nichts aus, dass ich so alt bin«.

Aber als mich jemand zu dieser Zeit auf 48 Jahre schätzte, war ich dann schon schockiert. Warum geben Frauen oft nicht ihr wirkliches Alter an? fragte ich mich. Und warum sind wir als Frauen nicht in irgendeiner Weise sogar stolz darauf, älter zu sein als andere, die doch weniger Lebenserfahrung haben? Haben wir Angst davor, nicht mehr »in« zu sein, bei dem, was wir sagen. Angst davor, nicht ernst genommen zu werden, Angst davor, mit dem Ältersein unsere Attraktivität zu verlieren? Während wir den Mann mit den grauen Schläfen interessant finden, färben wir Frauen uns die Haare, liften das Gesicht, überschminken die Falten. Ein Mensch, der ewig jung sein möchte, kommt mir vor wie einer, der immer den Blüten des Frühlings nachweint und sich nicht an den reifenden Früchten freuen kann. Es kommt ihm nur darauf an, gut auszusehen und bewundert zu werden. Wer aber Frucht bringt, hat aufgehört, nach Schönheit zu fragen. Er will reif werden, damit andere satt werden, wachsen und zur Reife kommen können. Und er wird dabei erfahren, wie beglückend es ist, andere froh zu machen – und dabei selbst Heilung zu erfahren.

In diesem Buch möchte ich Sie nicht auf Ihr Altwerden hinweisen. Aber ich möchte Ihnen Mut machen, in dieser Lebensphase zu sich selbst zu stehen. Gott will Ihnen die Tür zu einer neuen Lebenswirklichkeit öffnen, die tiefer und weiter in seine Wirklichkeit hineinführt. Gott liebt uns Frauen mit all den Emotionen, die er uns gegeben hat, so sehr, dass er uns eine zweite Chance geben will, zu einem Leben durchzudringen, das in ihm verankert ist. »Leben und volle Genüge«, unabhängig von äußeren Umständen, das ist seine Zusage. In der

Lebensphase über vierzig scheint es mir, als bringe Gott die ganze Vielfalt unserer Möglichkeiten noch einmal ans Licht. Mit dem Erwachsenwerden der Kinder lässt er uns gleichsam wissen: Sei wachsam, dies ist nicht das Ende. Es ist weder das Ende deines Lebens noch das Ende deines Mutterseins. Vielmehr öffnet sich eine neue Tür, die nicht mehr auf das Bergen deiner Kinder beschränkt ist. ›Birg die Welt!‹ sagt er und macht uns die Hände dafür frei. Dieser Umformungsprozess ist bei vielen schmerzhaft. Wer ihn aber an sich geschehen lässt, ohne dem alten Gefäß ständig nachzutrauern, wird Schritt für Schritt die Spuren Gottes an sich entdecken, hin zu Seiner Wirklichkeit. Ohne Abschied ist kein Neuanfang möglich.

KAPITEL 1

Die Lebensphase nach 40

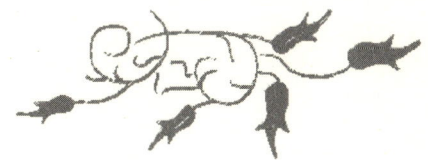

Besuch beim Frauenarzt

Die Lebensphase nach 40 ist für mich wie eine neue Erinnerung daran, dass ich Frau bin. Mir ist es, als wolle Gott mich noch einmal wissen lassen, dass meine zutiefst mütterlichen Gefühle nicht nur für meine Kinder gedacht, sondern ein Teil meiner Persönlichkeit sind.

Vor kurzer Zeit war ich beim Frauenarzt zur Kontrolle. »Ich habe in den letzten Jahren immer mehr zugenommen«, klagte ich. Und er antwortete sehr väterlich: »Je älter wir werden, umso mehr zeigt sich unser Denken und Fühlen auch körperlich. Meine Erfahrung geht dahin, dass mütterliche Frauen in den Wechseljahren fast immer rundlich werden. Es ist, als wolle die Natur ausdrücken, was in einem Menschen verborgen ist. Seien Sie also nicht bedrückt! Sie entsprechen wohl nicht den Schlankheitsidealen dieser Zeit, aber Ihrem Wesen. Eigentlich ist dies ein Kompliment an jede Frau, weil sie sich zutiefst mit ihrem Wesen einsgemacht hat, nämlich bergen zu wollen, Heimat zu sein. Das hat nichts mit Intelligenz oder Beruf zu tun. Da können solche Frauen auch ›ihren Mann stehen‹. Aber bei diesen Frauen wird immer im Vordergrund der Mensch stehen, und nicht der Fortschritt oder der Gewinn um jeden Preis.«

Seit diesem Gespräch trage ich meine Pfunde mit Würde – und genieße ab und zu ein gutes Stück Sahnetorte.

Das Gefühl, älter zu werden

Wenn ich zurückdenke, so fühlte ich mich nie »alt«. Bis zu etwa 40 Jahren reihte ich mich gefühlsmäßig eher unter Jugend ein, wobei mir das beim Nachdenken selbst komisch vorkam.

Mein Älterwerden brach eigentlich mit dem Weggehen der Kinder über mich herein. Ich begriff mit einem Male, dass meine Kinder keine Kinder mehr waren. Ich sah, wie sie nacheinander ein eigenes Leben aufbauten, bei dem sie mich nicht mehr benötigten.

Es war, wie wenn man über Jahre Lasten trägt, die einem plötzlich von den Schultern genommen werden mit der Botschaft: »Danke, das war's, aber ich brauch' dich jetzt nicht mehr.«

Es ist nicht so, dass ich ein langweiliges Leben führe. Ich fühle mich durch vieles herausgefordert und gefragt. Aber dies war wie eine Anfrage an mich selbst: »Hast du alles richtig gemacht? Es ist vorbei. Du hast noch genug Aufgaben, aber bei diesem Kind ist es vorüber. Was du versäumt hast, kann nicht nachgeholt werden.«

Es war wie ein Erschrecken, dass das Baby von damals ein Erwachsener geworden war. Vielleicht war das der Auslöser, dass ich bemerken musste, dass ich kein junger Mensch mehr sein konnte.

In diese Zeit über vierzig fiel auch meine erste Fehlgeburt, die mein Mann und ich sehr unterschiedlich verarbeiteten. Ich wurde kompliziert und vorwurfsvoll, er mir fremd.

»Man ist so alt, wie man sich fühlt«, sagt ein Sprichwort. Daran ist sicher manches Wahre. Wenn es einem rundherum gut geht, fühlt man sich in der Regel körperlich und seelisch viel besser, als wenn man unter ständigen Schmerzen oder innerer Not leidet. Doch gerade die Not ist es, die nachdenklich macht.

Es ist eigenartig: Menschen, die wenig Schweres erlebt haben, sind meist weniger froh und auch weniger belastbar als solche, die viel durchgemacht haben. Und Menschen, die ein tiefes Gottvertrauen haben, denen spürt man noch im Schmerz ihre Gewissheit der Treue Gottes ab.

Veränderungen im Zyklus

Ich vermisse das Auf und Ab meines Zyklus, über den ich zuvor stöhnte. Der Zyklus »regelte« mein Leben, machte es auch spannend. Zwar läuft meine Regelblutung noch ganz normal ab. Doch während die schöne Phase um die Zyklusmitte nachlässt, erlebe ich die eher negative Phase vor der nächsten Menstruation noch dramatischer. Ich meine mit dem Schönen das bewusste Wahrnehmen der fruchtbaren Phase, die mir solch ein positives Lebensgefühl gegeben hatte. Da gelang vieles so einfach, ich konnte schneller etwas anpacken, Dinge besser bewältigen, mich mehr freuen. Auch die Sehnsucht nach der Nähe mit meinem Mann erfüllte mich stärker und ließ uns einander innerlich sehr nah sein.

Diese positiven Gefühle heben sich inzwischen nicht mehr so sehr ab vom Rest des Zyklus, sind nicht mehr so intensiv. Stattdessen erlebe ich die Phase vor dem Eintritt der nächsten Regelblutung noch schwerer als zuvor. Manchmal habe ich mit depressiven Zuständen zu kämpfen, die mich sehr mutlos machen und mich auch körperlich richtiggehend lahmlegen.

Der gesamte Östrogenanteil im Blut nimmt ab, die Hochphasen des Hormons innerhalb des Zyklus verringern sich. Dieses Hormon wird auch als »Stimmungsmacher der Frau« bezeichnet. Es sorgt für ein gewisses Hochgefühl. Deshalb ist der Tiefstand zu Ende jedes Zyklus besonders schwer zu ertragen.

Ein Teil der Regeln, die ich während der ganzen Jahre im Umgang mit mir selbst kennengelernt hatte, fällt nun weg. In einigen Jahren wird auch die monatliche Regelblutung ausbleiben. Ich merke, dass mir das schwerfällt, wenngleich ich mich zuvor nicht so sehr über diese monatliche Ablenkung gefreut hatte. Leben bedeutet aber, immer lernfähig bleiben, sich verändern, etwas hergeben müssen.

Wieso ist manches Schwere im Nachhinein auch schön?

Gelegentlich kommen bislang nie gedachte Ängste auf:

Werde ich weiter empfinden können?

Wie werden sich unsere Gefühle als Paar zueinander verändern?

Oftmals überdeckt die Müdigkeit die Sehnsucht nach Nähe. Ich merke, dass wir einander fremd werden, wenn wir uns zu selten Nähe schenken. Dann leben wir eher wie zwei mittelmäßige Freunde nebeneinander her, aber ohne innere, herzliche

Beziehung. Ich habe Angst davor, dass unsere Herzlichkeit zueinander nachlässt. Denn gerade sie hilft mir, mich selbst in meinem Sein zu ertragen. Ich merke, dass wir einander mehr brauchen als je zuvor. Wir brauchen das Gefühl der Zusammengehörigkeit. Ich spüre, dass auch mein Mann es braucht. Aber durch Überforderung und Kraftlosigkeit kommen eher gegenseitige Vorhaltungen zustande. Die Sensibilität füreinander steigt – und dadurch sind wir verletzlicher.

Immer noch bin ich am Lernen unserer Ehesprache. Ich habe den Eindruck, dass mein Leben dafür nicht ausreicht, um sie je zu beherrschen. Wir verändern uns beide zu schnell, als dass ich mithalten könnte. Es gibt trotzdem eine Lösung. Sie liegt im ganz einfachen Wort der Annahme:

Ich nehme dich an, mit deinem Sein.
Ich liebe dich trotzdem, egal wie du reagierst.
Ich bin für dich, weil du zu mir gehörst.

Letztlich ist es immer wieder Gottes Ja zu mir, das mich daran erinnert, dass auch ich täglich von seiner Vergebung lebe.

Stimmungen

Aus meinem Tagebuch:

Es ist ein grauer Wintertag. Das Aufstehen will mir heute nicht recht gelingen. Alles scheint mir so dunkel und verhangen. Mein Leben kommt mir vor wie ein Karren, den ich ziehen soll und der mir zu schwer ist. Wenn er erst einmal im Laufe des Tages ins Rollen kommt, finde ich mich zurecht. Aber das Aufstehen ...

Dunkle Gedanken nehmen mich gefangen. Es schmerzt so vieles. Ich spüre die Traurigkeiten und ungelösten Angelegenheiten mit unseren Kindern wie eine Zentnerlast auf meinen Schultern. »Herr«, bete ich, »warum fühlt sich alles so schwer an? Warum empfinde ich alles so in der Tiefe?« Da sehe ich ein Bild vor mir. Es ist ein schönes Klavier mit einer langen Tastatur. Mir ist, als würde der Herr mir die Lösung der Frage ins Ohr flüstern: »Kind, manche Menschen haben nur wenige Oktaven auf ihrem Klavier. Sie können nicht so tief empfinden wie du.

Aber sie haben auch weniger Höhe, auf der sie spielen könnten. Mein Kind, soll ich dir die hohen Tasten wegnehmen? Dann wirst du auch weniger tiefe Tasten haben. Das ist der Preis.«

»Nein, Herr!« rufe ich. »Alle Tasten möchte ich haben. Denn die hohen spielen zu dürfen ist so schön, dass ich dafür auch die tiefen ertragen will.«

Gedanken um eine Hysterektomie

Aus meinem Tagebuch:

Pfingsten ist vorüber. Ich sitze im Bett, draußen ein Konzert von Vogelstimmen. Doch mein Herz will nicht recht in Stimmung kommen. Zu viel bewegt mich, was mich niederdrücken will. Aber ich schütte mein Herz bei meinem Herrn aus. Er ist meine Zuversicht.

Die USA-Reise liegt hinter uns. Es war eine große Freude, meine Kinder und unser Enkelkind Joshua wiederzusehen.

Innerlich bereite ich mich auf das nächste Ereignis vor. Es ist kein frohes Ereignis. Es ist vielmehr ein Abschied nehmen von »frohen Ereignissen.« Meine Gebärmutter soll herausoperiert werden. Das macht mir sehr zu schaffen. Ich sprach mit einer Bekannten darüber. Sie riet mir, einen Abschiedsbrief an meine Gebärmutter zu schreiben.

Das kam mir zunächst komisch vor. Aber je mehr ich darüber nachdenke, umso mehr fließen meine Gedanken. Meine Gedanken haben angefangen, mit meiner Seele zu sprechen. Ich merke, wie es mich erleichtert, die Gefühle auszusprechen, die so dunkel auf mich wirken. Indem ich ihnen Worte gebe, werden sie leichter, fassbarer, wirken befreiend.

Meine liebe Gebärmutter?!

Es ist komisch, dich so anzureden. Aber ich weiß nun keine bessere Formulierung. Mein »sehr geehrtes frauliches Körperorgan« klingt fast krank. Aber das bist du ja auch.

Nun weiß ich wie: »Du Ort der Geborgenheit, in dem meine Kinder entstanden ...«

»Du liebe Kinderstube meiner Kleinen«, das passt auch. Vielleicht sollte ich es so ausdrücken: Du Ort meiner innersten und innigsten Gefühle, Du Zentrum vieler froher Gedanken, Du Teil meiner Persönlichkeit!

Wenn ich über Gefühle nachdenke, über Tiefen und Höhen meines Seins, so habe ich den Eindruck, ihr Sitz sei in meiner Gebärmutter. Seit ich sie verlieren soll, seit die Ärzte beschlossen haben, sie zu entfernen, habe ich angefangen zu trauern.

Seitdem habe ich manche Neuentdeckung mit mir selbst gemacht. Ich entwickelte das Gefühl, sie wollten mir meine Seele, mein Herz wegnehmen. Nun weiß ich, dass meine Gefühle und mein Herz mit meinem Schoß zu tun haben. Das wusste ich vorher nicht.

Ich versuche eine neue Anrede:

Du Sitz meiner Empfindungen!

Lieber Wohnort meiner Träume, Kuschelhöhle meines Glückes?

In Deinem Haus gibt es Trauerräume und Freudenfeste, Nasszellen und Lachen. Sie haben ihre Räumlichkeiten im Laufe meines Lebens ausgebaut, sind mir vertraut. Ihr seid mir vertraut geworden wie meine Arme und Beine.

Während ich das schreibe, frage ich mich, was andere darüber denken. Vielleicht ist es verrückt, so mit dir zu reden. Aber es fällt mir überhaupt nicht schwer! Plötzlich denke ich an König David, der im 103. Psalm eine Rede an seine Seele richtete.

Wahrscheinlich können wir manches nur begreifen, wenn wir es durchlebt haben:

Ohne dass es mir bewusst ist, lege ich häufig die Hände über meinem Bauch zusammen. »Bekommen Sie wieder ein Kind?« fragen mich dann die Menschen. Schmerz durchzuckt mich. Nein, es ist nicht so, dass ich noch eines haben müsste. Ich habe dieses Kapitel wehmütig, aber überlegt abgeschlossen. Meine Kraft ist zu klein.

Aber nun will man mir auch noch die Schlafkammer der Kinder wegnehmen. Das Letzte, was mir von ihnen bleibt, die ich zehnmal während neun Monaten darin ernährt habe (das macht zusammen fast acht Jahre meines Lebens aus). Und für zwei war es noch ihr Totenbett. Und ich konnte ihnen im Tod nicht einmal beistehen. Ich hoffe, sie sind friedlich eingeschlafen.

Danke, du Ort meiner Gefühle, dass du meinen Kindern Heimat gabst, bis sie zu groß waren für dein Nest. Du und ich, haben wir nicht wundervoll zusammengearbeitet bei den Geburten? Einmal hast du mich fast überlistet und es allein geschafft, als unsere kleine Rahel einfach ohne meine Anstrengung ankam.

Ich habe am Bauch zugenommen. Macht meine Psyche meinem

Körper etwas vor? Wie stark mein ganzer Mensch dich umklammert! Und nun muss ich Abschied nehmen. Ich konnte die Kinder nicht in dir festhalten, und heute, da sie erwachsen sind, gehen sie weiter aus meinen Armen. Auch dich kann ich nicht mehr festhalten: Ausgedient, krank. Du wirst aus mir entfernt, weil du den Rest krank machen könntest. Es zählt medizinisch nicht mehr, was du geleistet hast. Steht das nicht auch für mein ganzes Leben?

Es ist so vieles, das zum Klingen kommt durch Ausscheiden. Vergänglichkeit, Tod, Altwerden, Ausgebrauchtsein, Krankheit, Weggeworfenwerden ...

Mein ganzes Frausein, mein Muttersein ist mit dir verknüpft. Das »Ganz-Drinnen« ist mein Menschsein, das bin ich. Sogar, wenn ich in Innigkeit mit meinem Mann zusammen war, wurdest du vermehrt durchblutet. Ich fühlte meinen Mann als Teil meiner selbst in solchen Augenblicken des Glücks.

Wie ein stumpfes Ende ohne Resonanz, so kommt mir vor, was auf mich wartet: Innen leer und hohl. Ich habe Angst, meine Identität zu verlieren. Wer bin ich, wenn man mir meine Gefühle wegnimmt?

Manchmal, wenn ich in Panik gerate, versuche ich, meinen Kopf einzuschalten. Vergebliches funktioniert nicht.

Und trotzdem: Ich bleibe Mensch. Ich bleibe Frau. Nach außen bleibt alles gleich. Nur ich verändere mich. Ich werde mit dem Verlust leben müssen. Ich werde auch trauern, Abschied nehmen, ein Stück von mir stirbt. Doch ich werde weiterleben. Und ich muss meinen Gefühlen einen neuen Wohnsitz in mir geben. Sie müssen sich mit einem anderen Platz in meinem Körper abfinden, an dem sie sich vielleicht nicht gleich heimisch fühlen. Doch sie werden es lernen müssen, damit zurechtzukommen.

Ich will den Verlust verarbeiten wie den Tod eines lieben Menschen: Die Dankbarkeit für die gemeinsame Vergangenheit, die glücklichen Stunden und tiefen Erlebnisse werden bleiben.

Ich überlege mir Worte, die ich in Stein meiße auf deinen nicht vorhandenen letzten Ruheort:

»Du bist unvergessen,
warst unvergleichlich,
Du treue Freundin meiner Gefühle,
Du Mutter meiner Gedanken«.

Und über all dem steigt mein Dank auf zu Gott über das Wunder, das er in mir schuf, um mich zur Frau zu machen.

Dankbarkeit darüber, dass ich weiterleben darf und dass Er mir ersetzen wird, was mir fehlt.

Ich weiß, dass diese Erfahrung mich fähig macht, andere Frauen zu verstehen. Ich werde begreifen, wenn sie mir davon erzählen, worunter sie leiden.

Friede sei mit euch

Aus einem Familienbrief:

Jesus sagt: »Friede sei mit euch!« Dann zeigt er ihnen die Nägelmale an Händen und Füßen.

Das ist es: Durch seine Nägelmale komme ich zum Frieden. Durch seine Wunden werde ich heil vom Unheil. Seine Wundmale sind der Schlüssel zu meinem inneren Umgang mit Emotionen.

Später am See fragt Jesus seine Jünger: »Kinder, habt ihr nichts zu essen?« Während ich den Text lese, schreit es in mir: »Nein, Herr, nichts!« Ich fühle mich leer und erschöpft. Aber Jesus bereitet mir das Mahl.

Über Monate ging ich durch eine Erschöpfungsphase. Jetzt geht es mir wieder besser. Ich bin so unendlich dankbar. Ich erlebte Gott gerade in dieser Zeit der Abhängigkeit von ihm auf besondere Weise.

Nie mehr ein Kind

Aus meinem Tagebuch:

Im Schrank suchte ich Bettzeug heraus, als zwischen zwei Betttüchern das Babytragetuch zum Vorschein kam, in dem ich viele unserer Kinder »herumgeschleppt hatte«.

Ich kann nicht richtig beschreiben, was ich fühlte. Aber mir traten die Tränen in die Augen. »Was ist nur los mit mir?« fragte ich mich selbst. Und da wusste ich es schon: Ich würde nie wieder ein Kind tragen, weder in mir noch in diesem Tuch. Ich würde auch nie wieder meine größer werdenden Kinder so beschützt herumtragen können, wie ich es tat, als sie Babys waren.

Es ist nicht so, als müsste ich noch ein Kind bekommen. Ich spüre, dass ich nicht mehr über soviel Kraft verfüge, um jede Nacht aufzustehen und zu wachen. Meine Kraft reicht gerade, um mein jetziges Leben zu meistern. Nein, das ist es nicht. Aber es ist das Bewusstsein, dass dieser Lebensabschnitt vorüber ist, vorbei. Wie eigenartig dieser Satz schmerzt!

Wüstensituation (Mt 4,1–11)

Jesus wird von Johannes im Jordan getauft. Gott offenbart sich durch die Taube und die Stimme: »Dies ist mein lieber Sohn, an dem ich Wohlgefallen habe«.

Nach dieser Offenbarung erwarten wir das Wirken Jesu. Stattdessen führt ihn Gott in die Wüste.

Dieser Text springt mich beinahe an. Wie anders ist Gott! Statt segensbringenden Wirkens folgt Wüste. Nach der Bestätigung Einsamkeit. Mir kommt es vor, als würde Gott da mitten in mein Leben hineinsprechen. Ich durfte die Gnade erleben, Kinder zu haben. Sie wurden erwachsen, trotz der Schwierigkeiten, die wir miteinander erlebten. Es ist eine Art Höhepunkt, sie nun erwachsen zu sehen. Aber genau mit diesem Erlebnis verknüpft sich auch das Gefühl, nun in die Wüste zu gehen, nicht richtig zu wissen, wo meine Aufgabe liegt. Erfüllt, bestätigt, verlassen ...

Gott führt eigenartige Wege. Zunächst vertraut er uns ein Kind an, das ohne uns gar nicht zur Welt kommen könnte. Er gibt es in unseren Schoß, an unsere Brust, in unseren Arm, in unsere Fürsorge. Und schließlich geht dieses Kind, das ein Stück unser Leben mitlebte, unser Denken einnahm, ganz allein seinen Weg. Bestätigung und Wüste. Mein Kind hat laufen gelernt und geht seinen Weg ohne mich weiter. Ich habe meine Aufgabe erfüllt, aber die Wüste holt mich ein. Wozu lebe ich?

Wüstenstation, Wüstensituation.

1. Gott führt zur Quelle, aber er führt auch in die Wüste. Wüste heißt für mich Orientierungslosigkeit, Mangel, aber auch Angst, Unsicherheit, Fragwürdigkeit, Frage nach dem Sinn.

Für wen lebe ich? Was ist überhaupt wichtig? Wozu bin ich da?

Wüstenzeit lässt mich früher Selbstverständliches nicht mehr als selbstverständlich empfinden.

Wüstenzeit macht bedürftig, abhängig vom Wasser, macht durstig. Wüstenzeit heißt Entbehrungszeit, Überlebensangst, reißt Grundfragen zum Leben auf.

2. Wüstenzeiten öffnen uns für die Nähe Gottes – und die Stimme des Versuchers. Krisenzeiten machen uns unsere Hilflosigkeit bewusst. Wir hinterfragen unsere Situation. Sehnsucht nach Ewigkeit wird laut. Je älter wir werden, umso mehr fragen wir, was wirklich bleibt. Durch das Loslassen der Kinder und die Schwierigkeiten mit uns selbst wächst eine neue Öffnung für Gott. Nicht für den Gott, dem wir täglich die Gebete geschickt haben, sondern für den Gott, mit dem wir Gemeinschaft haben. Wüstenzeit verhüllt ihn uns manchmal. Und wir empfinden die Einsamkeit umso stärker. Warum antwortet er nicht, jetzt, wo wir ihn besonders brauchen?

Auch wenn wir lange nicht mehr intensiv mit ihm redeten, jetzt müsste er doch verfügbar sein, da wir ihn suchen. So schnell geht das nicht immer.

Und weil ER nicht immer so schnell auf unseren Notschrei reagiert, ist auch der Versucher nicht fern: Sollte Gott dies gesagt haben? »Hilf dir selbst, mach dir doch aus diesen Steinen Brot«, spricht er Jesus an. Und zu uns: »Wenn du keinen romantischen Mann hast, such dir einen. Nutze nochmals dein Leben für einen Neustart. Hilf dir selbst, dann hilft dir Gott.« Oder: »Für was oder wen lebst du jetzt eigentlich noch. Setze deinem Leben ein Ende. Es lohnt sich nicht, den ganzen Frust des Alleinseins auszuhalten…«

3. Wer diese Wüstenzeit durchsteht, erfährt danach gewaltigen Segen. »Die Engel Gottes dienten ihm«, lesen wir bei Jesus. Wüstenzeit ist mit den Durststrecken unseres Lebens

vergleichbar, in denen wir Gott nicht verstehen, seine Wege uns nicht gefallen.

Auch die Zeit über vierzig entwickelt sich bei vielen Frauen im Lauf der Jahre häufig zu einer Durststrecke. Aber das Gewaltige daran ist, dass, wer Wüste durchstanden hat, belastbarer wird und geläutert aus dieser Phase hervorgehen kann.

Wer Wüste erlebt hat, wird viel dankbarer für Wasser. Er sieht die Welt hinterher mit neuen Augen und lernt wieder, über die Blume und den Vogel zu staunen.

Menschen, die durch die Wüste gegangen sind, können viel besser Wichtiges vom Unwichtigen unterscheiden.

Vielleicht ist dies der tiefste Sinn der Veränderung, die Gott an unserem Körper zulässt und die uns eigentlich nicht gefällt.

Schlafbedürfnis und Schlafverhalten

Vor Jahren sprach ich mit einer Nachbarin. »Seit ich über vierzig bin, brauche ich einfach mehr Schlaf«, klagte sie.

»Ich bin schon mein ganzes Leben lang schwer aufgestanden«, entgegnete ich, »aber abends habe ich dafür die besten Ideen und kann manches anpacken, was ich morgens versäumt habe.« »Kommen Sie erst mal in meine Jahre«, informierte sie mich. »Dann kommen Sie kaum aus dem Bett und gehen abends auch wieder ganz freiwillig hinein.«

Genauso geht es mir jetzt. Morgens denke ich von meiner Erschöpfung her, es sei noch mitten in der Nacht, und am Abend kann ich kaum eine Seite lesen und bin schon eingeschlafen.

Seit ich 48 Jahre geworden bin, schlafe ich selten durch. Ich werde wach. Erlebnisse des vorigen Tages stehen wie dunkle Schatten vor mir. Ich spüre Verspannungen in der Wirbelsäule, fühle mich nicht wohl in meiner Haut. Außerdem werde ich ungeduldig, wenn ich nicht wieder einschlafen kann, denn ich brauche dringend den Schlaf, um einigermaßen den vor mir stehenden Tag durchzustehen.

Es ist ein dunkler Kreislauf, den ich nicht richtig durchbrechen kann.

Als wir noch kleine Kinder hatten, freute ich mich über jede Nacht, die ohne Störung verlief. Und das war höchst selten. »Wenn ich einmal älter bin«, dachte ich, »werde ich allen Schlaf nachholen«.

Aber so einfach ist das nicht. Die Aufgaben, die vor mir liegen, gehen nicht mehr so leicht von der Hand wie früher. Ich brauche länger. Der Schlaf holt mich ein, dann wieder liege ich wach. Und wenn ich aufstehen soll, sind die Glieder schwer wie Blei. Mein Körper hat seine eigenen Grenzen und lässt sich nicht in allem von mir bestimmen. Ich muss lernen, mich neu auf ihn einzustellen, auf seine Bedürfnisse zu hören, mit seiner Begrenztheit umzugehen.

Tagebuch vor dem Einschlafen

Während ich früher mit Anspannung auf den wiederkehrenden Schlaf wartete, ohne dass er sich einstellen wollte, nutze ich die Zeit jetzt zum Gebet. Es gibt so viel zu beten. Ich trage meine Kinder einzeln vor Gottes Thron, lasse mich vom Vater im Himmel für meine Aufgabe stärken. Ich flehe zu ihm, wie die Witwe im Gleichnis den ungerechten Richter bedrängte. Es ist, als habe Gott mir eine besondere Gebetszeit bereitet, in der ich ohne Störung mit ihm Umgang haben darf. Zwar entgleiten mir manchmal die Gedanken. Aber ich kann sie immer neu zurückholen und wieder von vorne beginnen.

Das Gespräch mit meinem Mann geht mir nach. »Unser Kontostand sieht momentan nicht sehr rosig aus«, informierte er mich. Ich erinnerte ihn daran, wie Gott für die Blumen auf dem Feld sorgt. Und wie er uns auffordert, uns nicht um diese vergänglichen Dinge den Kopf zu verbrechen, sondern vielmehr sein Reich vor Augen zu haben (Mt 6,33). »Mach dir doch keine Sorgen«, sagte ich noch heute Morgen aufmunternd zu meinem Mann, »Gott hat so oft geholfen, sollte er es dieses Mal nicht wieder tun?«

Aber nun kommen mir auch düstere Gedanken. Wie sollte das praktisch aussehen, da unser Konto seit langem stark überzogen und vorerst keine Besserung abzusehen ist? Ich merke, wie solche Dinge mich stärker belasten als früher und dass ich das Vertrauen in Gott neu lernen muss.

Auch das gehört zum Älterwerden.

Eigentlich habe ich viele gute Erfahrungen mit Gott hinter mir, und ich sollte ihm umso mehr Vertrauen entgegenbringen. Stattdessen stellt sich die Begleiterin Sorge als ständiger Gast und behauptet sogar, es ginge ihr nur um mein Wohl.

»Raus mit dir«, rief ich, als mir bewusst wurde, dass sie mich schon wieder, fast vertraut, begrüßte.

»Du bist weder erwünscht noch willkommen! Mein Leben gehört Jesus, und er sorgt für mich. Du aber machst mir nur Angst. Und das hilft mir keinen Schritt weiter.«

Jesus, ich preise dich, dass du da bist und dass dir alle Gewalt im Himmel und auf Erden gegeben ist« (Mt 28,18).

Am Morgen wache ich auf. Zwar fühle ich mich körperlich erschöpft, aber innerlich gestärkt und dankbar.

»Belaste dich niemals gleichzeitig mit mehr als einer Art von Sorgen. Manche Menschen bürden sich deren drei auf: die vergangenen, die gegenwärtigen und diejenigen, die sie auf sich zukommen sehen«, sagt Edward E. Hale.

»Euer himmlischer Vater weiß, dass ihr das alles bedürft«, lehrt uns Jesus in Mt 6,32, »darum sorget nicht.«

Herbsttage

Aus meinem Tagebuch:

Draußen ist es Herbst geworden. Rauh weht der Wind und fegt die Blätter von den Bäumen. Manchmal ist es regnerisch und kalt. Ich habe die Winterjacke aus dem Keller geholt, um mich vor der Kälte zu schützen.

Manchmal setze ich mich diesem Wind aus, gehe draußen ein wenig spazieren, oft ganz allein, weil niemand mich begleiten will. Und das genieße ich. Dann lasse ich mich so richtig schütteln und den

Wind an meinen Kleidern zerren. Diese ungemütliche Behandlung tut meinem Inneren gut. Es ist fast, als mache es sich mit diesem Wetter eins, als fühle es sich verstanden.

Ja, so geht es mir. Ich fühle mich oft geschüttelt von Emotionen, manchmal nicht fähig, das Leben zu meistern, hilflos den vielen Pflichten gegenüber, ausgelaugt und abgelebt wie die Blätter, die von den Bäumen fallen. Ist es Leben oder schon ein Vorgeschmack des Sterbens?

Aber es gibt auch diese wunderschönen, strahlenden Herbsttage, bei denen die Sonne einen nochmals zum Schwitzen bringen kann in der warmen Kleidung. Diese Tage, an denen sie wie pures Gold durch die Blätter schimmert. Und wenn ich durch den Wald gehe und die Blätter unter meinen Füßen rascheln, kommt jene Vorahnung an die Ewigkeit in mir auf, die mein Herz hüpfen lässt. Dieses beglückende Gefühl, durch das Laub zu rascheln und alles unter den Füßen zu haben. Und über mir den Himmel hell und klar – und keine Dunkelheit, die den Blick trübt! Dieser Wald wird sterben und doch wieder im Frühjahr grüne Knospen treiben und auferstehen in alter Pracht.

Wie töricht, beim Vergehen stehen zu bleiben und zu trauern, als gäbe es keine Hoffnung! Aber eine Tatsache ist es, dass der Leib sterben muss. Dieses Sterben und Vergehen macht Angst. Und dieser Leib nimmt ab, wird älter, anfälliger, schwerfälliger, einsamer. All das gehört auch zu meinem Menschsein.

Ich muss ihn neu annehmen, diesen Leib mit seiner Schwachheit, diese Seele mit ihrer Zerbrechlichkeit. Ich muss ihnen einen Schutzraum gönnen und sie nicht ständig überfordern. Ich muss mich um sie kümmern, ohne dass sie Mittelpunkt meines Lebens werden. Denn der Geist ist mehr als Seele und Leib.

Seele und Leib nehmen ab, damit mein Denken sich nicht nur nach Irdischem ausrichtet. Durch meine begrenzte Kraft muss ich mehr Pausen einlegen und nachdenken …

Jung sein – alt sein

Jung sein heißt »in« sein. Mode wird von jungen Menschen vorgeführt, die eine makellose Figur haben. Unsere Zeit schiebt den Körper vor. Wer die richtigen Maße hat – oder die richtigen Noten – macht das Geschäft. Die Werte, die ein Mensch dabei vertritt, sind unwichtig.

Was habe ich davon übernommen, ohne bewusst darüber nachzudenken?

Womit beschäftige ich mich? Was ist mir wichtig?

Ich spüre, dass ich nicht ganz frei bin von dem, was andere über mich denken. Je unsicherer ich mich an manchen Tagen in meiner Haut fühle, umso weniger finde ich etwas zum Anziehen. Kleidung ist für viele Frauen ihre zweite Haut. Weil die innerste Haut an manchen Tagen nicht stimmt, findet man nichts. Tief drinnen identifizieren wir uns anscheinend mit der Kleidung.

Wenn es mir nicht so gut geht, wähle ich, ohne nachzudenken, dunklere Kleidung. Fühle ich mich aber gut, suche ich möglicherweise nach passendem Schmuck. Ich schmücke mich aus Freude darüber, dass ich da sein darf.

Die dunklere Kleidung drückt Schmerz aus. Nicht umsonst tragen ältere Menschen oft eher dunkle Kleidung, und geht man schwarz gekleidet auf eine Beerdigung. Das Leben hört auf zu leuchten, verliert an Bedeutung, trauert.

Todesanzeigen kommen ins Haus, viel mehr als früher. Es nimmt zu, dass ich Abschied nehmen muss von Menschen, die mir im Lauf des Lebens liebgeworden sind.

Mir fällt ein, was eine alte Dame mir einmal sagte, während sie eine Todesanzeige in der Hand hielt: »Auf der Erde nimmt der Kreis meiner Freunde immer mehr ab. Dafür nimmt die Anzahl derer, die schon dort droben (sie wies mit dem Finger zum Himmel) auf mich warten, zu«.

Älter werden heißt: Über das Ziel nachdenken. Wer ein Ziel hat, hat Hoffnung. Doch mit dem Voranschreiten der Jahre wird deutlich, dass jedes menschliche Ziel irgendwann erreicht wird oder unerreichbar bleibt. Und dass, auch wenn es erreicht wurde, die Leere danach bleibt.

Die alten Menschen ehrte man in früheren Zeiten wegen ihrer Weisheit. Sie hatten menschliche Ziele ausgeträumt. Und sie wussten, was wirklich zählt in diesem Leben.

Letztlich ist es die Liebe, die bleibt. Die Liebe, die verbunden ist mit Geduld, Langmut und Treue und der Barmherzigkeit der Vergebung. Diese Liebe hat einen Namen. Sie heißt Jesus. Er verzweifelt nicht an unserem menschlichen Versagen. Er fängt immer neu mit uns an.

Müssen wir älter werden, um weise zu sein? Ich meine ja! Wir werden automatisch älter, aber leider nicht gleichzeitig weiser. Es ist ein Lernprozess im Lauf unseres Lebens, dem wir uns immer neu stellen müssen.

Nach einem Vortrag kam eine Frau auf mich zu. Als sie mich begrüßte, erschrak ich. Ihr Gesicht war durch eine halbseitige Lähmung entstellt. Während sie sprach, bewegte sich nur ein Teil ihres Mundes. Es tat mir weh, sie anzuschauen. Diese Frau berichtete mir in kurzen Worten, wie Jesus sie nach dieser furchtbaren Lähmung neu in ihrem Inneren angerührt hatte. Während sie redete, war in ihren Augen ein solcher Glanz, dass ich die Herrlichkeit Gottes in ihr entdeckte. »Was ist größere Schönheit als diese?«, dachte ich.

Je älter ich werde, umso jünger empfinde ich andere

Je älter ich werde, umso jünger empfinde ich andere Menschen. Dieser Tage las ich die Todesanzeige einer achtunddreißigjährigen Frau. Mann und Kinder standen als Trauernde darunter. Ohne dass ich es selbst wahrnahm, traten mir Tränen in die Augen. »Wie wird es in dieser Familie ohne Mutter weitergehen?« dachte ich nach. »Aber Mama, du weinst ja«, sprach mich eines unserer Kinder an.

»Ach weißt du, ich las gerade die Todesanzeige einer jungen Frau«, erklärte ich. »Wie alt war sie?« wollte mein Junge wissen. »Erst achtunddreißig«, erwiderte ich. »Was, schon so alt?«, sagte mein Sohn.

Das Leben geht in einem solchen Tempo vorüber, dass ich einfach nicht fassen kann, wie schnell ein Jahr vorüber ist. Je mehr Pflichten, umso heftiger empfinde ich das Voranschreiten. Manchmal kommt es mir wie ein Wettlauf vor, bei dem ich immerzu verliere.

Ich war noch ein Kind, als ich meine Mutter danach fragte, wann endlich wieder Weihnachten kommen würde. Sie lachte, weil ich so ungeduldig war, und entgegnete: »Warte es nur ab, es geht immer schneller. Zum Schluss fragst du nicht mehr: Wann kommt endlich Weihnachten, sondern: Ist wirklich schon wieder Dezember? Das Jahr hat doch gerade erst begonnen«.

Diese Aussage bewegte mich so sehr, dass ich mir vornahm, dies selber später einmal nachzuprüfen. Das war doch nicht möglich, dachte ich bei mir selbst, dass für Mutter dauernd Weihnachten vor der Tür stand, während ich sehnsüchtig darauf wartete. So unterschiedlich konnten Menschen doch nicht dieselbe Zeit empfinden! Und Mutter, die eher darunter stöhnte, dass schon wieder die Schenkerei begann, litt, während ich mich darauf freute. War das nicht alles verkehrt?

Heute stellen unsere Kleinen dieselben Fragen, und ich antworte wie meine Mutter damals.

Ich fühlte mich nie »mittelalt« !

Eigentlich fühlte ich mich nie »mittelalt«. Bevor ich 40 Jahre alt war, konnte ich kaum begreifen, dass ich nicht mehr zur Jugend gehörte. Ich fühlte mich einfach nicht alt – vielleicht nur gelegentlich, wenn ich sehr müde war. Noch mit 40 ließ ich mir in unserem Haus einen eigens starken Balken in die Decke einziehen, damit nicht nur die Kinder, sondern auch ich schaukeln konnte. Ich wiegte mich darauf wie ein übermütiges Kind und konnte nicht weit genug hinauffliegen.

Was hat sich in mir verändert? Ich spüre die Last des Lebens besonders mit dem Älterwerden unserer inzwischen erwachsenen Kinder.

Aber die Probleme hören mit dem Älterwerden der Kinder nicht auf. Die einen finden nicht richtig ihren Weg. Die anderen sind Nesthocker und fühlen sich bei Rundumversorgung eigentlich immer noch ganz wohl. Wieder andere haben Partnerschaftsprobleme, und man leidet mit.

Andere kommen finanziell nicht ganz zurecht. Eine Tochter lebt in den USA, und das Heimweh plagt mich.

Dünnhäutiger bin ich geworden. Vieles ist anders geworden, als ich es mir früher vorgestellt hatte. Aber einer ist derselbe geblieben: Jesus! Ich bin so froh, dass ich nach wie vor die Last meines Weges auf ihn werfen darf, weil er für mich sorgt (1Petr 5,7).

Die Angst, »out« oder nicht mehr gefragt zu sein

Es ging um Vorschläge für Referenten bei weiteren Frauenfrühstücken. Wer könnte ansprechend für die Leute sein? Man beriet sich untereinander. Dabei fiel der Name einer lieben Bekannten von mir, die ich sehr schätze. Sie hat Kompetenz, Liebenswürdigkeit und ist ein echtes Vorbild für mich, auch im Glauben. »Diese Person ist einfach zu alt«, wurde schließlich entschieden.

Als ich es hörte, fühlte ich mich persönlich getroffen. »Zu alt?!«, wann würde dieses Urteil einmal über mich gefällt werden. Sind Lebensweisheit, echter Glaube, Überzeugungskraft und Kompetenz nicht größere Stärken als äußeres Aussehen und Alter?

Die Frau im Berufsleben erfährt ähnlich wie der Mann, dass sie, je älter sie wird, nicht mehr unbedingt bevorzugt behandelt wird. Die ältere Sekretärin sieht nicht mehr so attraktiv aus, und als Sprechstundenhilfe wählt man gerne die Jüngeren. Die älteren Kindergärtnerinnen haben weniger Nerven, und Kinder wollen junge Lehrerinnen.

Manche Frau fühlt sich wie eine zweite Wahl, eher geduldet als erwünscht.

Auch die Frau mit erwachsenen Kindern geht durch diesen Prozess, oft nicht mehr gebraucht zu werden. Die Jungen wollen ihre Entscheidungen alleine treffen. Oft ist unsere Meinung gar nicht erwünscht. Aber wenn es um Geld geht, sind die meisten Eltern noch sehr erwünscht. Gerade Mütter fühlen sich dabei ausgenutzt und empfinden ihre Einsamkeit umso stärker.

Du bist mehr wert als ein Sperling –
Gott in den Jahreszeiten meines Lebens

Aus meinem Tagebuch:

Heute ist ein sehr nebeliger Tag. Es wird gar nicht richtig hell. Die Bäume auf der anderen Straßenseite sehe ich wie durch einen Schleier. Das trübt meine Stimmung. Wenn die Sonne am Scheinen gehindert wird, kann es nicht richtig hell werden. Meine Seele lässt sich in diese Stimmung mit hineinnehmen. Ich sehe die Welt wie durch Tränen, verschwommen, unklar, trüb. Meine Seele trauert darüber, dass sie die Sonne nicht sehen kann. Diese Lebensphase erinnert mich daran, dass die Sommertage mit ihren mit Macht aufgehenden Sonnenstrahlen nicht mehr in dieser Weise in mein Leben leuchten werden. Ich denke auch darüber nach, wie viele Gewitter im Sommer über das Land gingen, diese stürmischen Entladungen von Gewalt und Ungestüm. Ich kann es gut vergleichen mit der Hell-Dunkel-Malerei meiner temperamentvollen Seele.

Es ist ruhiger geworden, dieses Temperament, das Bäume ausreißen wollte. »Ein anderer wird dich führen, wohin du nicht willst«, wurde einem Petrus gesagt, und ich bekam diesen Vers an Ostern. Dieser Führung will ich mich anvertrauen, diesem Gott zutrauen, dass er die Jahreszeiten meines Lebens gemacht hat – und sagt: Siehe, es war sehr gut.

Je mehr es dem Mittag zugeht, desto mehr weicht der dickste Nebel. Ich erkenne deutlich das braungefärbte Laub auf den Bäumen. Die Blätter kommen durch die Sonne sogar etwas zum Leuchten. Ich denke an die Worte, die im Buch des Predigers stehen: » ... die bösen Tage und die Jahre, die mir nicht gefallen« (Pred 12,1–8).

Eigenartig, wie mein Augenlicht nachlässt. Ich musste mir eine Brille verordnen lassen. Am meisten brauche ich sie morgens und abends beim Lesen. Sonst geht es noch ganz gut. Alles ist Geschenk. Ich staune neu über meine Augen. Welche Wunderwerke sind sie! Ich mache mir mehr Gedanken über das Blind sein. In ewiger Dunkelheit zu leben? Unvorstellbar für einen Sehenden! Wie selbstverständlich habe ich bislang dieses kostbare Geschenk »Augen« hingenommen, ohne zu danken.

Ich schaue wieder aus dem Fenster. Welch eine Gnade, sehen zu dürfen! Wie herrlich, das durchdachte Geäst eines Baumes anzusehen! Es ist so angeordnet, dass er nach allen Seiten ausgeglichen ist.

Keine Seite muss mehr tragen als die andere. Alles ist wohlgeordnet, die ganze Schöpfung weise angelegt. Sollte sich der Schöpfer bei mir weniger Gedanken gemacht haben? »Ihr seid noch viel mehr wert als viele Sperlinge«, sagt Jesus in Mt 6,26b.

Um den Sperling geht es auch in einem älteren Lied, das ich manchmal am Schluss eines Vortrags singe:

Why should I feel discouraged,
why should the shadows come?
Why should my heart be lonely
and long for heaven and home?
When Jesus is my portion,
my constant friend is he.
For his eye is on the sparrow,
and I know, he watches me.

Warum sollte ich entmutigt sein,
warum sollten nur Schatten kommen?
Warum sollte mein Herz sich einsam fühlen
und sich nur noch nach dem Himmel und nach Zuhause sehnen?
Wenn Jesus mein Teil ist,
mein ständiger Freund ist er.
Denn sein Auge ist auf dem Sperling,
und ich weiß, er schaut auf mich.

Im nächsten Vers heißt es dann weiter:

Lass dein Herz nicht verzagt sein,
so höre ich sein freundliches Wort.
Und in seiner Güte ausruhend
verliere ich meine Zweifel und meine Furcht.
Auf dem Pfad, den er mich führt,
seh ich nur einen Schritt,
aber der auf den Sperling achtet,
der achtet auch auf mich.

Ein lieber Freund hatte einige Zeit ein Bein in Gips. Als er schließlich wieder gehen konnte, bemerkte er voller Bewunderung und Staunen: »Welche Kunst und welcher Gewinn ist doch das Gehen!«

Wieso brauchen wir den Verlust, um unseren Reichtum zu erkennen? Wieso ist es so schwer, das, was wir haben, zu genießen und uns daran zu freuen? Ist es unsere Undankbarkeit, unsere Sorglosigkeit, unser Beschäftigt sein, unsere Gleichgültigkeit?

Brauchen wir deshalb das Bewusstsein des Älterwerdens, damit nicht alles vorbei ist, bevor wir begreifen, wie wertvoll das Leben trotz aller Mühsal ist? Und noch mehr! Müssen wir die Grenzen erkennen, um herauszufinden, was wirklich wichtig ist und bleibt?

Ich brauche diese neuen Begrenzungen. Endlich wird mir klar, mit wie Vielem ich als Mensch beschenkt bin.

Ich erahne, dass dies erst der Anfang des Erkennens ist, was Leben bedeutet.

Entdeckungen

Nun, da ich älter werde, entdecke ich erst richtig, womit ich begabt wurde. Ich möchte in Dankbarkeit und ohne Vorwurf darauf zurückblicken.

Beschenkt fühle ich mich neu mit der Gabe, stärker reflektieren zu können.

Oft bin ich müde, muss ein wenig ausruhen, bevor ich weitermache. Wie gut das für mich ist! Ich habe mich so hetzen, so blind machen lassen von dem, was scheinbar wichtig ist. Ordnung, wie wichtig war sie für mein Leben! Wie strapazierte ich unsere Kinder manchmal mit übertriebenem Ordnungsfimmel! Werden sie sich später an die Sauberkeit erinnern? Wohl kaum!

Sie reden davon, wie wir Verstecken spielten und Pilze im Wald suchten. Sie wissen noch, wie wir auf manche Burg kletterten und einen Laternenumzug gestalteten, ohne dass Martinstag gewesen ist. Was ist wirklich wichtig?

Segne unser Tun und Lassen

Erinnerungen

Je mehr ich auf die Fünfzig zugehe, umso mehr kommen Ereignisse aus der Kindheit hoch. Mit vier Jahren besuchte ich den

Kindergarten. Ich erinnere mich an eine Puppenküche, die dort stand; an bunte Bauklötze, die mich faszinierten, weil es zu Hause nur holzfarbene gab; und an die großen Kastanienbäume im Garten.

Als letztes Lied, bevor wir nach Hause gingen, sangen wir immer zusammen: »Unsern Ausgang segne Gott, unsern Eingang gleichermaßen. Segne unser täglich Brot, segne unser Tun und Lassen. Segne uns mit selgem Sterben und mach uns zu Himmelserben.«

Sicher würde man heute den Kindern solch ein Lied nicht mehr beibringen. Warum muss man Kinder unbedingt an den Tod erinnern, wo sie das Leben vor sich haben? Und warum das tägliche Brot segnen, wo es täglich auf dem Tisch liegt und gerne von den Kindern mit einer »Milchschnitte« vertauscht wird? Über die Himmelserben könnte man ja dann später nachdenken.

Das Wort »Himmelserben« konnte ich überhaupt nicht verstehen. Ich sang kurzerhand einfach »Himmelserbsen«. Zwar wusste ich auch nicht, was das bedeuten sollte. Aber Erbsen zählten zu meinem Lieblingsgemüse. Darunter konnte ich mir wenigstens etwas vorstellen.

Niemandem fiel auf, dass ich da immer meine eigene Fassung sang.

Und was in aller Welt sollte Gott noch beim Lassen segnen? Es wäre doch genug, wenn er unser Tun segnete, sei es nun ohne oder mit seinem Willen.

Erst Jahre später wurde mir der Inhalt des Liedes bewusst.

Der Sinn des Lassens wird mir jetzt groß, da ich älter werde. Ich begreife, wie Gott in liebevoller Weise den Sabbat bestimmte, um uns Menschen zur Ruhe, zum Nachdenken zu bringen. Lassen bedeutet nicht, Wichtiges achtlos zu versäumen und gedankenlos die Jahre zu vergeuden. Ganz im Gegenteil: Es heißt: Innehalten, nachdenken, überdenken, neu auf Gott hören.

Es geht nicht um die Schnelligkeit, mit der ich Dinge erledige, sondern um die Richtigkeit. Nicht die Geschwindigkeit ist das eigentlich Wichtige, sondern ob ich auf dem richtigen Weg zum Ziel bin.

»Hundert Minuten der Stille können wertvoller sein als hundert Stunden Hetze. In der Hetze überfährst du Signale, die die Stille dir bewusst machen will«.

So ähnlich lautete ein Wort, das ich lange über meiner Küchenzeile hängen hatte.

Segne unser Lassen

Lassen heißt: Neu meine Situation überdenken. Vor Gott stehen und mich von ihm korrigieren, von ihm leiten *lassen*.

Was ist wirklich wichtig?

Ich leide oft darunter, dass ich keinem gerecht werde. Manchmal braucht mich eines der Kinder besonders; dann denkt ein anderes, es käme zu kurz.

Dann wiederum denkt mein Mann, dass ich mehr Zeit mit ihm verbringen sollte. Meine Freundin empfindet mich als fremd, wenn ich wenig mit ihr spreche, hilfesuchende Menschen wollen mehr Zuwendung, als ich ihnen geben kann. Briefe bleiben liegen...

In Tagen der Kraftlosigkeit bin ich besonders auf die Hilfe Gottes angewiesen. Sonst versinke ich in dem, was andere von mir erwarten.

Je schlechter es mir geht, desto einsamer bin ich. Ich fühle mich in ein Meer von Pflichten eingeschlossen, verloren in meinen Aufgaben, angeklagt von der Welt – bei besten Absichten.

Es ist gut, dass Gott das zulässt, obwohl ich darunter sehr leide. Nur so kann ich neu sortieren, vor Gott stehen und nach seiner Planung fragen. Andernfalls verliere ich mich in den Erwartungen, die andere an mich haben.

Nun besinne ich mich auf ihn, der mich gemacht hat.

Herr, was willst du, dass ich tue? Und der Herr spricht sehr liebevoll mit mir: »Mein Kind, sorge dich nicht nur um andere, sondern sorge dich um deine eigene Seele. Sie kommt zu kurz.

Sie dürstet und hat selbst nichts mehr zu geben. Du brauchst die Gemeinschaft mit mir, um an der Quelle zu bleiben. Ohne mich wird alles zur Hetze, ohne Erfüllung, und du brennst aus. Hole dir den Brennstoff in der Gemeinschaft mit mir«.

So einfach ist das. Und doch gerate ich immer wieder in diesen Kreislauf des Tuns, der den Kreislauf des Lassens ignoriert und dabei leerläuft, mitten in der Aktivität.

Zum Lassen gehört das Abgrenzen

Zum Lassen gehört das Abgrenzen. Damit hatte ich mein ganzes Leben lang Schwierigkeiten. Abgrenzen heißt letztlich: Sich selbst ernst nehmen.

Es gibt Menschen, die sich selbst so ernst nehmen, dass sie damit lebenslang beschäftigt sind. Sie haben vergessen, dass das Sich-ernst-Nehmen nur ein Teil der Wahrheit ist. Wer dabei stehenbleibt, wird isoliert, einsam und depressiv.

Aber viel mehr Frauen gibt es, die sich hingeben, ohne ihre Grenzen zu kennen. Sie geben grenzenlos. Sie verschenken sich, bis keine Substanz mehr da ist. Und dann ziehen sie sich enttäuscht, verzweifelt und bitter aus einer Beziehung, einer Freundschaft, einer Ehe zurück.

Sie gaben sich hin, bis sie sich aufgegeben hatten, bis nichts mehr zu geben da war. Das ist die Gefahr jedes Gebens, dass wir unser eigenes Sein verschenken. Wer eigene Wünsche ständig zurückstellt, macht den anderen von sich abhängig und erwartet letztlich dessen Dankbarkeit dafür. Wer über das Maß gibt, das er hat, verarmt selber.

Er zieht sich enttäuscht zurück, wenn er nicht bekommt, was auch er bräuchte.

Ich muss mich abgrenzen. Ich muss mich selbst wichtig nehmen, weil Gott mich wichtig nimmt.

Er gab mir als Abgrenzung zu jedem Gegenüber einen Körper, der seine Grenzen hat. Mein Körper ist dort begrenzt, wo Haut ihn überzieht. Es ist meine Pflicht, diesen Körper zu ernähren. Damit ich dies nicht vergesse, gab Gott mir das

Hungergefühl. Damit mein Geist sich nicht im Irdischen verfängt, gab er mir die Sehnsucht nach Unvergänglichem. Und meiner Seele gab er, wie auch meinem Körper, die Fähigkeit, Verletzung zu fühlen und mich dagegen zu schützen.

Beim Körper geschieht der Schutz viel selbstverständlicher. Will jemand mir schaden, gehen automatisch meine Hände in Verteidigungsstellung.

Bei der Seele ist das weit problematischer. Sie muss sich entscheiden, ob sie den Angriff hinnimmt, ohne sich zu wehren, oder ob sie in den Kampf eintritt. Je schwächer sie ist, umso schneller wird sie sich herausfordern lassen; denn sie hat wenig Kraft, sich zu schützen. Also geht sie aufs Ganze. Oder sie liegt resigniert am Boden und lässt sich vernichten, weil sie zu oft schon erlebt hat, dass sie unterlag. Genau an dieser Stelle spricht Gott mit uns. Er will unserer Seele aufhelfen. Er verspricht, mit uns zu sein. Er ermutigt, baut auf, ermahnt, nicht aufzugeben. Ich liebe dieses Wort, das Gott zu Josua spricht (Jos 1,9) und das ein Liederdichter so ausdrückt: »Siehe, ich habe dir geboten, dass du getrost und freudig seist. Darum fürchte dich nicht, ich bin dein Gott.«

Gott ist gerade mit denen, die sich selbst nicht viel zutrauen. Vielleicht finden ihn deshalb die Schwachen und Kranken leichter als die Starken und Selbstsicheren. Auch ich habe ihn deshalb so früh gefunden, weil ich ihn dringend brauchte.

Wir dürfen uns abgrenzen. Wir *müssen* uns sogar abgrenzen, um gesund zu bleiben.

Gott gab unserem Körper Haut als Abgrenzung. Und solch eine Haut besitzt auch unsere Seele. Trotzdem besteht da ein gewaltiger Unterschied. Unsere Seelenhaut kann durch Belastung, die angemessen ist, erstarken. Wir können durch Schwierigkeiten unseres Lebens belastbar werden. Gerade der Glaube hat seinen Sitz im Grenzbereich der Belastbarkeit unserer Seele. Dort kann Gott Kräfte wecken, die eigentlich gar nicht »drin« sind.

Dort kann er uns mutig machen zu einem Kampf, der uns eigentlich überfordern würde. Hier tritt ein David gegen einen

Goliath an und weiß: Ich werde siegen, nicht weil ich die Kraft dazu besitze, sondern weil Gott mit mir ist. Dieser Kampf muss sein. Aber Gott wird da sein.

Das sind Abgrenzungen, die wir mit Gottes Hilfe dann und wann überspringen dürfen, wenn Gott es von uns fordert. Aber wir sollen uns nicht ständig überfordern lassen. Jeder von uns hat gottgewollte Grenzen, die er herausfinden und annehmen muss. Wer ein eher ruhiger Mensch ist, braucht mehr Ruhe als ein geselliger Typ.

Gaben und Grenzen liegen nahe beieinander.

Überall, wo unsere Grenzen sind, lauern auch die Gefahren.

Der ruhesuchende Mensch ist in der Gefahr der Isolation. Er sucht die Ruhe. Und das ist gut. Aber er öffnet sich schwerer, wenn jemand ihn braucht. Er fühlt sich schnell überfordert, wenn er aus der Ruhe kommt.

Der gesellige Mensch freut sich an Menschen, öffnet sich, gibt sich gerne hin. Und das ist eine Bereicherung für viele. Aber er vergisst dabei, auf die eigenen Bedürfnisse zu achten. Und wenn der Erfolg seines Helfens und seiner Zuwendung an andere ausbleibt, fällt er schnell in ein »Loch«.

Gott muss der Angelpunkt unserer Beziehung werden. Wenn wir auf ihn hören, finden wir unseren Platz. Dann macht sich der Ruhesuchende auf, um dem Menschen zu begegnen, der ihn braucht.

Und der Geschäftige hält inne, um seine Seele in der Gegenwart Gottes zu ordnen.

»Gott lieben von ganzem Herzen, von ganzer Seele und aus allen Kräften und den Nächsten – wie mich *selbst*«, das ist die Aussage Jesu, als er nach dem wichtigsten Gesetz gefragt wird (Mt 22, 37–40). Wer Gott von Herzen liebt, der wird von ihm Weisung erhalten zum rechten Tun und zum rechten Lassen.

Für mich ist dies der Hinweis auf den Vater im Himmel, der alles überschaut, uns durch Jesus den Bruder zeigt und uns mit seinem Heiligen Geist in alle Wahrheit leitet – um unsertwillen.

Gedanken zu Abgrenzung und Selbstannahme

Aus meinem Tagebuch:

Ich kann nur geben, was ich habe.

Mein inneres Gleichgewicht speist sich aus meiner Verbindung mit Gott und beruht darauf, dass ich meinen Körper und meine Seele, die er geschaffen hat, pflege. Wenn ich sie vernachlässige, werden sie empfindlich reagieren. Und dann werde ich zum Mittelpunkt, weil sie überfordert sind und meine Aufmerksamkeit in Anspruch nehmen. Sind sie gesättigt, werden sie fähig zum Geben und müssen nicht nur um sich selbst kreisen.

Gott wird nicht müde, uns zuzuhören

Aus meinem Tagebuch:

Ich sprach mit meinem Mann über eines unserer Kinder, das uns viel Sorge bereitet. »Hör auf damit«, sagte er schließlich. »Wir haben auch noch andere Kinder! Lass uns nicht immer nur über dieses Kind mit seinen Problemen reden«.

Zuerst war ich enttäuscht. Er wollte also nicht hören, was ich dachte! Aber dann kam mir, dass ich es mit ihm schon oft besprochen hatte. Seine Verarbeitung in dieser Sache war einfach eine andere: Mir half das Aussprechen – ihm das Warten auf eine Wende, die durch Worte sowieso nicht herbeizuführen war.

Mir wurde bewusst, welcher Reichtum es ist, Gott zu kennen. »Danke, Herr«, sagte ich spontan, »dass es dir nie zu viel wird, auch wenn ich dir immer wieder die gleichen Probleme anvertraue«.

Gott sieht nicht nur die objektive Not, er sieht auch meine subjektive Auseinandersetzung damit.

Wie wunderbar, dass dieser Gott, der das Weltall geschaffen hat, mir zusagt, dass ich mit ihm reden darf. Und das heißt, dass er mir zuhört, mich versteht; dass es ihm nicht zu viel wird, wenn ich ihm dasselbe wieder und wieder erzähle. Ja, dass er mir sogar Mut macht, es ihm aufdringlich zu sagen, wie Jesus es uns im Gleichnis mit der unverschämten Witwe wissen lässt (Lk 18,1-8).

Mit neuen Grenzen leben lernen

»Meine Grenzen machen mich einmalig. Die Art meiner Grenzen macht mich demütig. Ich merke, dass Grenzen haben auch bedeutet, abhängig zu sein, andere zu brauchen, nicht im Alleingang unterwegs zu sein«, schreibt Vreni Theobald.

Bettina besuchte mich dieser Tage. Sie hat in ihrer Gemeinde eine glänzende Kinderarbeit aufgebaut. Gott gibt ihr viel Gnade, von der Liebe Gottes weiterzusagen. Kinder öffnen sich für Gott, auch deren Eltern. Wenn Bettina den Familiengottesdienst hält, ist die Kirche voll. Aber all das erregt Neid und Missgunst.

Als das letzte Mal eine Frau für Bettina anstimmen sollte, sagte sie im letzten Moment ab. Bettina dachte ärgerlich: Wenn ich nun Lieder anstimmen könnte, bräuchte ich diese Frau nicht mehr. »Warum schenkte Gott mir nicht diese Gabe?« fragte sie mich ein wenig vorwurfsvoll. »Nun, ich denke, zum einen hält er dich demütig bei allem ›Erfolg‹, den du erlebst, und zum anderen macht er dich abhängig von den anderen. Nur unsere Begrenzungen lassen uns teamfähig werden«, sagte ich ihr.

Wir stehen manchmal in der Gefahr, mit unseren Gaben andere zu überfahren. Ich selbst sollte in einer Gemeinde einen Vortrag halten. Zuvor wurde gesungen. Eine liebe ältere Dame begleitete ein Lied auf dem Klavier – für meine Begriffe viel zu langweilig und dazu noch falsch. Ich hätte mich gerne angeboten, dies für sie zu übernehmen. Ich kann zwar auch nicht ausgezeichnet spielen, aber besser als sie. Nun merkte ich, wie es mir schwerfiel, nicht einzugreifen – und schämte mich dafür.

Gaben können uns dazu bringen, andere klein zu machen, die sich ernstlich bemühen, ihre Gabe zu leben.

Es ist gut, Vorbilder zu haben. Aber manchmal scheitern wir auch daran, weil wir meinen, so sein zu müssen, wie sie sind. Ingrid Trobisch war mir in Vielem zum Leitbild geworden, während ich 1965 ein Jahr mit ihr lebte. Ich brauchte eine ganze Zeit, bis ich annehmen konnte, dass ich die Art, wie sie sprach und mit anderen umging, nicht imitieren konnte. Schon mein

Temperament war völlig anders. Ich musste meine Gaben so leben, wie Gott es mir anvertraut hatte.

Faszinierend sind Frauen für mich, die in dem Alter, in dem ich jetzt bin, ohne Probleme mit großer Kraft ihren Haushalt ordnen und einfach stark sind. Ich habe immer mit wenig Kraft leben müssen. Oft kam ich – und komme immer noch – kaum aus dem Bett. Während ich früher abends wenigstens fit war, zieht es mich heutzutage schon früh ins Bett. Die Müdigkeit gibt mir ein gewisses Schattendasein. Manchmal meine ich, nicht richtig zu leben, sondern einfach nur den Tag durchzustehen.

Vielleicht ist auch das genug. Eine Mutter von acht Kindern schrieb: »Ich bitte Gott immer nur um Kraft für einen Tag. Und ich bekomme sie auch. Ein Tag jeweils ist genug. Und dann bitte ich erneut – und empfange Kraft für den nächsten«.

So empfinde auch ich. Nur die Zeiteinheiten sind kürzer. Manchmal bete ich für die nächste Stunde. Oft nehmen mir Menschen dies gar nicht ab. Wenn ich einen Vortrag halte, bin ich vorher manchmal so erschöpft, dass ich weine. Elisabeth, die mit mir reist, weiß das. Am Veranstaltungsort angekommen, erfüllt mich Gott oft mit großer Kraft, bis alles vorbei ist. Ich staune über Gott. Ausgerechnet mich schickt er. Mich gelegentliches Häufchen Elend, um andere zu ermutigen. Und er erfüllt mich dabei noch mit großer Freude.

Deshalb ermutigt mich mein Mann wohl auch oft zum Gehen. »Du kommst immer mit einer großen Freude heim«, sagt er, »egal wie erschöpft du bei der Abfahrt warst«. Ich zitiere noch einmal Vreni Theobald:

»Grenzen annehmen ist das eine, sie zu überwinden versuchen das andere. Innerhalb der sicheren Grenzen lauern Gewöhnung und Bequemlichkeit. Ich kann abschätzen, wo meine ›Schmerzgrenze‹ ist, wo ich überfordert bin, was bei mir ›drin‹ liegt oder eben nicht möglich ist. Überraschungen gibt es kaum mehr, ebensowenig wie Glaubenswagnisse.

Glauben heißt aber immer: die Grenzen des Berechenbaren überschreiten. Die Glaubenstüren sind im Grenzbereich angesiedelt.«

Manche Grenzen muss ich annehmen. Ich kann nichts daran ändern, dass ich nun älter bin. Ich kann meinen Körper nicht jünger machen. Mit dieser kleiner werdenden Kraft muss ich umgehen lernen. Ich darf mich nicht ständig überfordern, um mir selbst dabei vorzutäuschen, dass alles noch beim Alten ist.

Ich habe keinen anderen Körper als diesen einen und muss seine Sprache verstehen lernen: Lass mir mehr Zeit, um dich zu regenerieren. Schenk mir ein wenig mehr Beachtung, denn ich brauche Pflege. Rase nicht so weiter, dein Leben ist begrenzt.

Du brauchst Zeit zum Nachdenken. Vielleicht hast du nicht mehr so viel Zeit. Deine Seele will Ordnung in deine Gefühle bringen, hör ihr zu.

Diese Grenze zu beachten ist lebensnotwendig. Gott hat sie zugelassen, damit unser Sinn auf das Unvergängliche gelenkt wird, zum Nachdenken darüber kommt, dass dieser Körper uns nicht bleibt.

Die eine Gefahr ist also, sich zu vernachlässigen.

Die Grenze des Selbstmitleids aber darf ich bekämpfen. Wenn ich mich selbst zum Mittelpunkt mache, ist niemandem geholfen, auch mir selbst nicht. Das Selbstmitleid flüstert: »Niemand leidet, wie ich leide. – Wie kann mir so etwas passieren! – Schrecklich, mit all diesen Beschwerden weiterzuleben!«

Diese Art der »Selbstpflege« ist äußerst zerstörerisch. Sie zwingt uns in die Knie und macht uns echt alt. Nach außen lassen wir uns vielleicht Gesichtsmasken auflegen und gehen zum Friseur, aber nach innen bemitleiden wir unser eigenes Älterwerden. Wir wollen mit Gewalt jung bleiben und stellen uns nicht diesem Prozess der Vergänglichkeit.

Vielleicht wollen deshalb manche Frauen nicht ihr wirkliches Alter sagen. Haben sie Angst, in den Augen anderer nicht mehr attraktiv zu sein?

Älterwerden ist die Gratwanderung zwischen dem Annehmen der neuen, manchmal schmerzhaften Grenzen und gleichzeitig der Ausblick nach dem wichtigsten Gipfelpunkt.

Drei Dinge scheinen mir für die neue Lebensphase wichtig

1. Mich von Gott heilen lassen:
   - Vergangenes aufarbeiten
   - Von Gott Schuld aufdecken lassen (Und was wir aufdecken, das deckt er zu!)
   - Bitterkeit wahrnehmen und bewusst Vergebung üben
   - Gott nicht mehr anklagen, sondern ihm zutrauen, dass er Schwierigkeiten zu meinem Besten verändern will (Röm 8,28), sei es mein Ledigsein, meine Ehe mit einem schwierigen Menschen, meine Witwenschaft, meine Kinder...

2. Kämpfen, falls notwendig:
   - Grenzen neu definieren und dafür kämpfen lernen
   - Nicht alles nur »geschehen« lassen (Manches will Gott gar nicht, nur wir sind zu bequem, Dinge in die Hand zu nehmen)
   - Teenagern Grenzen setzen
   - Lernen, auf gute Weise Kritik auszusprechen
   - Sich neu mit seinem Ehepartner auseinandersetzen
   - Resignation aufgeben

3. Meine Situation neu annehmen:
   - Dinge auch stehenlassen
   - Tragfähig werden für Situationen, die nicht zu ändern sind Gott zutrauen, dass er noch Wege hat, wo ich keine sehe
   - Mir von ihm Kraft schenken lassen

Friedrich Ch. Oetinger drückt es so aus:

Gott gebe mir die Gelassenheit,
die Dinge hinzunehmen,
die ich nicht ändern kann;
den Mut, die Dinge zu ändern,
die ich ändern kann;

und die Weisheit,
das eine vom anderen zu unterscheiden.
Altes aufräumen und ausräumen.
Neues einordnen und sortieren lernen.
Mich täglich neu unter den Schutz Gottes stellen.

Du bist eine starke Frau

Bei einem Frauenfrühstück in Hamburg sollte ich über dieses Thema sprechen: »Du bist eine starke Frau!«

Jede Frau bekam ein Namensschild. Es bestand aus einem oval zugeschnittenen Papier, auf dem zu lesen war: »Ich bin eine starke Frau«. Darunter sollte jede Frau ihren Namen schreiben. Ich musste darüber nachdenken, was wohl eine Bekannte von mir fühlte, während sie das Schild ausfüllte. Sie saß seit Jahren im Rollstuhl, und ihr Leben war von Vielem beschwert und begrenzt.

Ich dachte an die Frauen, die in ihrer Ehe Gefühle erlebten, die ihnen alles andere signalisierten, als dass sie stark wären.

Obwohl ich den Vortrag vorbereitet hatte, musste ich lachen, während ich mein Schild in der Hand hatte: »Ich bin eine starke Frau, Ruth Heil.« Nein, dachte ich im Herzen, das war ich noch nie.

An jedem Schildchen war eine feine, gefärbte Naturfeder angebracht. War das nicht in sich ein Widerspruch? Auf der einen Seite eine feine Feder, die sich schon beim leisesten Lufthauch bog, auf der anderen Seite eine starke Frau?

Und doch ist es gerade das, was Gott uns vermeintlich schwachen Frauen mitgegeben hat. Es ist die Biegsamkeit der Feder, die uns befähigt, uns den unterschiedlichsten Situationen anzupassen. Zwar leiden wir viel schneller, weil wir die Veränderung sofort wahrnehmen, aber wir brechen selten dabei. Das Zerzaust- und Umhergeworfenwerden schmerzt uns, treibt uns die Tränen in die Augen. Aber die Art, wie Gott uns bei der Schöpfung bereitete, schwach und zart, und dabei belastbar und anpassungsfähig, ist unglaublich vielseitig.

Für manchen Mann bleibt ein Leben lang verborgen, wie tief

eine Frau leiden kann. Und er begreift ebenso wenig, wie schnell sie sich vom Leid erholt. Deshalb nimmt er ihren Schmerz oft nicht ernst, obwohl sie davon fast zerstört wird. Und er übergeht ihre Gefühle, weil ihm die Sensibilität dafür fehlt und er die Frau widersprüchlich erlebt: Heute noch am Boden zerstört, morgen schon wieder »brauchbar«.

Häufig nennt er ihre Gefühlsausbrüche hysterisch und schützt sich, indem er selbst keine Gefühle mehr zeigt.

Gott hat beim Schöpfungsakt der Frau ein Stück aus dem Mann herausgenommen (1. Mose 2). Hieraus entstand die Frau. Danach gab er den Mann in die Hände der Frau: Sie bringt ihn zur Welt, sie stillt ihn, sie bestimmt seine ersten Lebensjahre. Kindergärtnerinnen erziehen ihn und die Lehrerin benotet ihn.

Gott gibt der scheinbar schwächeren Frau eine ungeheure Macht über den Mann. Eva verführte den Mann, nicht die Schlange. Ihre Worte haben Macht über den Mann.

Viele Männer empfinden ihre Frau als übermächtig. Gerade Worte von Frauen sind es, die Männer verunsichern. Und am meisten trifft ihn, was die eigene Frau ihn wissen lässt.

Über viele Jahre unserer eigenen Ehe wusste ich nicht, was meine Worte in meinem Mann bewirkten. Ich fühlte mich ihm total unterlegen. Dabei ging es ihm ebenso! Wir kämpften gegeneinander mit den falschen Mitteln, weil wir Angst voreinander hatten.

Stark wurde ich in meinem Leben, als ich anfing, den Platz einzunehmen, den Gott mir zugedacht hatte. Ich hörte auf, um meinen Platz zu kämpfen, und gab meine Schwachheit zu. Ich entdeckte, dass meine scheinbare Schwäche zum Gewinn wurde. Denn nun konnte mein Mann mir Geborgenheit schenken, und ich konnte mich darin bergen.

Ich begann Frauen zu verstehen, denen es ähnlich ging.

Ich merkte, dass ich, je mehr ich meine Angst verlor, meine Grenzen akzeptieren und zugeben konnte. Ich musste nicht mehr die Starke spielen, wenn ich mich eigentlich schwach fühlte.

Statt meinen Mann zu kritisieren, lernte ich, ihn zu loben. Statt ihm seine Unfähigkeit vorzuwerfen, keine Entscheidungen zu treffen, gab ich ihm genügend Zeit dazu.

Ich versuchte stehen zu lassen, was er sagte.

Und er fing an, mich lieben zu können, weil er nicht mehr ständig um sein Recht kämpfen musste.

Gott wurde mehr und mehr meine Stärke. ER kämpfte für mich. ER gab mir die Kraft zum Schweigen und zum Reden.

Gefühle wie eine Feder im Wind

Es war eine gute Atmosphäre in der wunderschönen, großen Kirche. Gott gab, dass die Worte ankamen. Menschen wurden froh, und ich war sehr glücklich darüber.

Als der Vortrag zu Ende war, merkte ich, wie ich innerlich erschöpft war. Noch eben so dankbar und glücklich, schlich die Sorge in mir hoch wie eine Krankheit, die mich lähmte. Ich dachte mit innerem Schmerz an unsere eigenen Kinder, an all die Schwierigkeiten, die wir gerade erlebten, an die bedrohliche Krankheit, die eine Tochter durchmachte. Mein Herz tat mir richtig weh. Obwohl ich im Kreis lieber Menschen war, trauerte meine Seele.

Nur ein Gedanke hatte genügt, um meine Seele aus der Bahn zu werfen. Was für ein Federchen!

Am nächsten Morgen besuchte ich mit Freunden einen Gottesdienst. Eine Frau gab ein kurzes Zeugnis und erwähnte dabei, dass Jesus wohl über nichts trauriger wäre als darüber, dass wir ihm nicht vertrauten. Das ging wie ein Blitz durch meine Seele: Jesus sucht meinen Glauben. Meine Sorgen, meine Verzweiflung, meine Angst, wie alles noch enden würde, konnten nichts, aber auch gar nichts an der Situation ändern; aber mein Vertrauen auf Gott.

Bis hierher hatte ER mich treu hindurchgetragen. Und ER würde es auch weiter tun!

Ich will ihm ganz neu vertrauen, dass ER Lösungen für mich, für uns alle hat.

Gott erinnert mich an mein »Federndasein«, nicht um mir zu zeigen, wie hilflos ich bin, sondern wie er mich gemeint hat. Und er reicht mir seine Hand, damit ich mich von dieser starken Hand, die das Weltall hält, beschützen lasse. Dieser Schutz ist gewaltiger, als ihn ein tief gewurzelter Baum angesichts des Orkans haben könnte.

Wechseljahre –
Das Ganze noch einmal von vorne?
Baum oder Feder

Aus meinem Tagebuch

Ich denke darüber nach, wie sich mein Leben wieder verändert. Über Jahre fühlte ich mich eher wie ein Baum, dessen Stamm nun nicht mehr bei jedem Wind hin- und herschwankt. Ich spürte, wie ich besser mit Gefühlen umgehen konnte, wie mich nicht mehr jedes Wort traf, wie ich nicht mehr jeden Unterton auf mich persönlich bezog. Mir scheint, jetzt gehe vieles noch einmal von vorne los.

Zwar kann ich heute viele Lebenssituationen besser einschätzen, weiß besser mit Zeit umzugehen, kann einfacher planen.

Aber was meine Gefühle angeht, so bin ich sensibler als je zuvor geworden. Es ist so, als sei alles Erlernte über den Haufen geworfen, und ich müsste von vorne beginnen. Meine Erfahrungen werden von meiner Seele ignoriert. Es ist, als würde mir ein Professor meine in Jahren erarbeitete Doktorarbeit vor meinen Augen zerreißen mit der Bemerkung: »Nochmals von vorne.«

Ich frage mich, welchen Sinn das macht.

Ob Gott mich daran erinnern will, dass ich immer noch Feder bin und nie Baum sein werde?

Vielleicht will er mir zeigen, was Manfred Hausmann so ausdrückt: »In den schweren und dunklen Stunden können tiefere Geheimnisse verborgen sein als in den leichten und hellen.«

Lebensaufgabe oder Lebens-Aufgabe?

Alles, was wertvoll auf dieser Erde ist, wird uns geschenkt: Unser Leben, Vater und Mutter, Geschwister, Ehepartner, Kinder, Freunde, Gesundheit, Freude, Liebe, sogar Vergebung und ewiges Leben.

Und ebenso wird vieles davon uns auch wieder genommen.

Es bleibt uns nur die Vergebung und die Liebe und das ewige Leben. Alles andere sind Gaben, von denen viele zu Lebensaufgaben werden.

Das Wort »Lebensaufgabe« ist doppeldeutig. Und gerade darin entdecke ich wieder die Gratwanderung des Lebens. Gebe ich das Leben auf? Resigniert, enttäuscht, traurig, verbittert oder wird mein Platz mir zur Lebensaufgabe?

Fühle ich mich ständig überfordert, obwohl ich gerne »langsamer« leben würde, und wird auf diese Weise meine Aufgabe mir zur Last? Oder habe ich den Eindruck, überflüssig, alt, unbrauchbar, benutzt worden zu sein? Auch dann neige ich mehr dazu, aufzugeben, statt mich diesem Lebensabschnitt zu stellen, der mir das Gefühl gibt, am Ende zu sein.

Das Gefühl, nicht gebraucht zu werden, und Überforderung führen also beide zu einem Zustand, der einem das Leben verleidet – weil man sein Leben nicht leiden, nicht damit umgehen kann.

Wer ein Ja zu seiner Lebenssituation findet, sei sie noch so einsam, wird neue Lebensaufgaben finden. Und wer lernt, sich in der richtigen Weise abzugrenzen, kann die Überforderung zur Herausforderung umformen lernen.

So leicht wie bei diesem Wort die Doppeldeutigkeit klar wird, ebenso leicht kann es die andere Richtung einschlagen. Wieder ist es die Gratwanderung der Aufgabe, die zum Absturz und zum Gipfel führen kann.

Der Gipfel aber ist nicht nebenbei zu bezwingen, sondern erfordert ständiger Einsatz.

Möge Gott mir die Gnade schenken, dass meine Lebensaufgabe nicht zur *Lebens-Aufgabe* führt, weil ich nicht richtig auf ihn höre!

Ich will dich mit meinen Augen leiten – Zeit für den Aufblick zu Gott

Als ich einer Bekannten meine Sorgen in einer Angelegenheit anvertraute, deren Ausgang sehr ungewiss war, hielt sie mir Psalm 32,8b entgegen, in dem Gott sagt: »Ich will dich mit meinen Augen leiten.«

»Du brauchst jetzt nicht alle Entscheidungen zu treffen. Lass es auf dich zukommen! Geh nur den Schritt, der ›dran‹ ist. Schau immer wieder zu Ihm«, riet sie mir.

Von den Augen Gottes geleitet zu sein heißt: Wegsehen von den Umständen, aufsehen zu ihm.

Wenn er mich leitet, geht mein Blick von der Erde weg zu seinen Augen. In seinen Augen erkenne ich seinen Weg für mich. In seinen Augen verliere ich die Angst vor der Zukunft. Denn Er kennt meinen Weg.

Er hat zugesagt, für mich zu sorgen, für alles, was mir Sorgen machen will.

Wir brauchen Geduld mit uns selbst in diesem Umstimmungsprozess unserer Seele. Sie will, dass wir sie wahrnehmen, um über uns Bescheid zu wissen. Sie erinnert uns daran, dass wir keine Roboter ohne Herz sind. Aber unsere Arbeit ist es, sie zu führen und ihr nicht blindlings die Gefühle zum Sortieren zu überlassen. Ähnlich einem Anrufbeantworter liefert sie Informationen darüber, was »hereinkommt«. Es ist unsere Verantwortung, uns Zeit zum Ordnen dieser Informationen zu nehmen, zu unterscheiden, was wichtig und was unwichtig ist.

Ich habe den Eindruck, dass es Frauen gibt, die sich für dieses Sortieren viel zu viel Zeit nehmen. Sie sortieren ihr Leben lang und vergessen dabei, selbst zu leben, weil sie sich nur ständig damit beschäftigen, was andere gesagt haben oder über sie denken.

Oft werden sie darüber depressiv, verzweifelt und selbstmordgefährdet. Sie messen sich selbst an den Aussagen der anderen, ohne darüber nachzudenken, wie Gott sie sieht, nämlich ganz anders: Geliebt, einmalig, wunderbar, trotz aller menschlichen Fehler.

Gerade jetzt müssen wir uns bewusst machen, wie sehr dieser Gott uns liebt. Wir sind kein Zufallsprodukt menschlichen Willens. Gott hat einen Plan für unser Leben, auch in den dunklen Zeiten. Eigentlich sollten wir uns täglich vor Augen führen, wie wichtig wir ihm sind – altersunabhängig.

Einer alten Dame schrieb ich folgende Gedanken zu ihrem 90. Geburtstag:

Als du entstanden bist,
das war eine Sternstunde Gottes.
Gott sprach: Es werde!
Und Du wurdest.
Du bist kein Zufall und kein Unfall,
sondern ein Einfall Gottes.
Und Gott sagt zu Dir:
Du bist wertvoller als ein Stern,
der irgendwann im Weltall verglüht!
Du bist gerufen, für mich zu leuchten
und anderen den Weg zu zeigen.
Ich bin es, der vor Dir hergeht,
der helle Morgenstern.
Sei getrost, mein Kind,
ich weise Dir den Weg,
auch im dunklen Tal!
Du bist kostbar in meinen Augen,
und ich habe Dich lieb.

Diese Aussagen gelten für jeden von uns, in jedem Lebensalter.

Doch es gibt Frauen, die sich nur in Arbeit stürzen und ihrer Seele überhaupt keine Zeit zum Nachdenken gewähren. Sie leisten oft Gewaltiges, sind tüchtig, hilfsbereit und bringen sich ein, aufopferungsvoll für andere. Auch sie fallen gelegentlich tief hinunter, wenn sie mit letzter Kraft einen Einsatz bringen, der von den anderen nicht wahrgenommen oder genug geachtet wird.

Wir brauchen Zeit zum Spaziergang mit unserer Seele. Nur so bekommen wir Ordnung in unsere Seele und Dinge unter die Füße – und können darüberstehen.

Ich brauche Zeit, um mit Gott zu sprechen. Wie kann ich von seinen Augen geleitet werden, wenn ich ihn nicht anschaue? Vor ihm darf ich alles offen aussprechen. Ihm darf ich ungeschminkt das ganze Durcheinander meiner Seele offenbaren, ihm wird es nicht zu viel, wenn ich es wiederhole. Während ich mit ihm spreche, wird es mir leichter. Seine Nähe erquickt mich.

»Leite mich mit deinen Augen«, sage ich und fühle mich geborgen in meinem Gott.

Älterwerden und Selbstwert

Ein paar Fragen zum Nachdenken

Wodurch definiere ich mich?
Durch Kinder, Mann, Beruf, Leistung, Kleidung, Gebraucht-Werden?

Wen habe ich als Vorbild?
Ist dieses Vergleichen für mich aufbauend, oder fühle ich mich dabei unterlegen und minderwertig?

Welche Dinge sind mir wertvoll?
Lohnt es sich, dafür zu leben?
Warum sind sie mir wichtig?

Welche Menschen sind wichtig für mein Leben?
Wieviel Zeit verbringe ich mit ihnen?
Wieviel Zeit nehme ich mir für sie?
Wodurch zeige ich ihnen, dass sie mir wichtig sind?

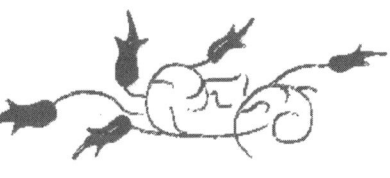

KAPITEL 2

Als Ehepaar in eine neue Lebensphase

Unser 29. Hochzeitstag

(Veränderungen im Lauf unseres Lebens)

Wir werden älter. Die Zeit greift nach uns, und ich merke von Jahr zu Jahr, wie sich das Tempo steigert. Langsam, aber stetig hängt sich Jahr an Jahr, und manchmal muss ich nachrechnen, wie alt ich bin, weil ich durcheinanderkomme.

Das Tempo meiner Jahre nimmt zu, meine Kräfte werden kleiner. In den letzten Jahren meinte ich, dass ich nun endlich meine Lektion in Geduld gelernt hätte. Ich konnte besser sortieren nach wichtig und unwichtig, besser einteilen. Meine Emotionen gingen nicht mehr so sehr mit mir durch. Auch die Tränen flossen nicht gerade so, wie sie es wollten. Das lag nun vielleicht auch daran, dass Ha-Jo mich trösten gelernt hatte und öfter in seine Arme nahm, wenn die Welt über mir zusammenschlug.

Aber jetzt? Ich verändere mich schon wieder. Oft fühle ich ähnlich wie unsere siebzehnjährige Tochter. Kleinigkeiten beschäftigen mich überstark. Vieles regt mich auf. Manchmal sogar der ganz normale Lärmpegel beim Mittagessen. Mein Zyklus geht zwar noch ganz regelmäßig vor sich, doch ich merke, wie mein Körper sich umstellt. Hitze überfällt mich wie ein heißer Föhn, der über das Land kommt. Ich fühle mich oft so ausgeliefert in meinem Körper und in meinen Empfindungen. Auch Ängste bestimmen mich, bis in meine Träume hinein. Manchmal wache ich auf und schlafe nicht mehr ein. Wie gut, dass ich beten kann. Auch wenn die Gedanken dabei oft entfliehen, kann ich mich jedes Mal neu an den Vater im Himmel wenden, der mein kleines Leben mit allen, die ich liebe, in der Hand hält.

29 Jahre Ehe. Wie danke ich Gott, gerade für diesen Mann! Und wie liebe ich ihn dafür, dass er ihn mir schenkte. Durch viele Täler und Höhen sind wir miteinander gegangen. Früher dachte ich, dass nur ich unter seinen Eigenheiten leiden würde. Heute weiß ich, wie sehr er sich von meiner Art abgelehnt fühlte.

Wie wenig wissen wir voneinander, wenn wir heiraten! Jeder meint zu geben und sich aufzuopfern. Dabei geben wir häufig das Falsche, was der andere gar nicht braucht, ja oft nicht einmal wahrnimmt. Ich wollte meinem Mann meine ganze Liebe in Worten und Umarmungen zeigen. Er aber brauchte meine Fürsorglichkeit und Gewissenhaftigkeit, auf die er sich verlassen konnte. Wir gaben beide, aber jeder fühlte sich häufig unversorgt, weil wir die Schwerpunkte nach der eigenen Skala gesetzt hatten. Wie gut, dass Gott uns festgehalten hat, wenn wir aufgeben wollten. Ehe ist das Geheimnis von vielen bestandenen Geduldsproben miteinander, muss ich denken.

Einander nicht nur als Vater und Mutter begegnen

Aus meinem Tagebuch:

Wir müssen immer wieder lernen, uns als Ehepaar zu begegnen, und nicht nur als Vater und Mutter unserer Kinder. Die vielen Forderungen, die täglich auf mich zukommen, hindern mich oft daran, mein Innerstes für meinen Mann zu öffnen. Jeder hat irgendwelche Vorstellungen, Erwartungen an mich. Manchmal habe ich den Eindruck, dass eine Mutter von vielen Kindern hauptsächlich nach ihrem Bett Verlangen hat, und nicht nach ihrem Mann.

Wenn ich endlich im Bett liege und wirklich noch etwas Kraft habe, möchte ich gerne ein wenig lesen, beten, nachdenken, meine Gedanken und Gefühle ordnen. Meinen Mann wünschte ich mir dabei als Helfer beim Sortieren, indem ich ihm das alles ungeordnet erzählen dürfte. Aber er hat ganz andere Gedanken als ich. Er will teil an mir haben, nicht an meinen Ideen. Er sucht mich als Mensch, als Frau, als Heimat. Er sucht seine Gehilfin zur Freude in mir, und ich bräuchte ihn als Austauschpartner, um ins Gleichgewicht zu kommen. Unsere Erwartungen aneinander hindern uns manchmal daran, einander zu begegnen. Keiner wird satt. Beide gehen wir leer aus, innerlich voller Vorwürfe gegeneinander.

Die größer werdenden Kinder fordern mich ungemein heraus. Es ist jetzt nicht mehr die körperliche Erschöpfung, die bei den Kleinkindern im Vordergrund stand, sondern die psychische Herausforderung, die so anstrengend ist.

Ich muss neu dazu lernen. Das Ziel scheint mir darin zu liegen, dass ich mich in der richtigen Weise abgrenzen lerne, ohne in Schuldgefühle zu geraten. Wenn ich mich überfordere mit dem, was die anderen erwarten, gelange ich an meine Grenzen. Und wenn ich nicht mehr kann, habe ich niemandem mehr etwas zu geben. Meine Einheit muss noch viel mehr mit meinem Mann zusammen geschehen. Die Kinder werden alle gehen. Jeder wird sein eigenes Leben beginnen. Wir beide werden beieinanderbleiben, hoffentlich. Aber damit wir zusammenbleiben, muss die Basis gebaut werden. – Wir dürfen uns nicht über unsere Kinder definieren, so wertvoll sie auch sind.

»Heimat werden«, sagte einmal Ingrid Trobisch zu mir, als ich ihr klagte, dass ich mich in meiner Ehe manchmal nicht verstanden fühle. Damals machte mich ihr Ausspruch sehr ärgerlich. Heute weiß ich, dass dies der Schlüssel ist. Wenn ich meinem Mann bei mir Heimatrecht gebe, weiß er, dass er bei mir immer willkommen ist. Ich bin sein Zuhause. Und dafür brauche ich gewisse Kraftreserven, die ich für ihn bewahren muss, mitten in den Forderungen meines Lebens. Er muss nach Gott das Wichtigste für mich sein, vor allem und allen anderen.

Sexuelle Erlebnisfähigkeit

Aus meinem Tagebuch:

Heute las ich in einem medizinischen Bericht, dass Frauen Sexualität viel intensiver erleben, wenn sie mehrere Kinder geboren haben. Es gibt auf diesem Gebiet die unterschiedlichsten Theorien. Ich denke da an die abfällige Bemerkung eines Mannes, der in einem Gespräch beiläufig äußerte: »Eine Frau, die viele Kinder geboren hat, muss ja völlig ausgeweitet und unattraktiv sein.« Ich hatte keine Lust, ihm zu erklären, dass ich dies total anders empfinde.

Der erste Bericht fasziniert mich deshalb, weil er genau trifft, was ich fühle. Ich habe im Laufe unserer Ehe ein viel stärkeres Körpergefühl für mich selbst entwickelt. Aber auch die Nähe meines Mannes beglückt mich in einer solchen Weise, dass ich nach ihm Sehnsucht habe. Stand sonst häufig unser Zusammensein unter dem Druck der zusätzlichen Anstrengung, so erlebe ich es jetzt als tiefes Bedürfnis, in seinen Armen heil werden zu dürfen. Welch ein tiefes Geschenk hat Gott uns auf dieser Erde gegeben! Dieses selige Gefühl, mit dem Menschen, aus dem wir als Frau geschaffen worden sind, eins zu sein, hebt mich aus dem Alltag ein Stückchen in den Himmel, lässt vergessen, dass ich vergänglich bin.

Mein Körper will nicht mehr in Stimmung kommen

Aus meinem Tagebuch:

Seit der letzten Fehlgeburt will mein Körper nicht mehr in Stimmung kommen. Er trauert. Vielleicht hängt es auch damit zusammen, dass ich älter werde. Meine Hormone verändern sich.

Wenn ich mit Hans-Joachim zusammen bin, fühle ich meinen Körper manchmal wie weit weg von mir. Es ist, als habe er seinen Klang und seinen Glanz verloren. Er ist mir fremd. Ich freue mich über das Einssein mit meinem Mann. Irgendwie ist es tröstlich, ihn so nah bei mir zu wissen. Es nimmt mir das Gefühl von einer Art innerer Einsamkeit. Andererseits bin ich nicht wirklich da. Ich fühle mich so ausgetrocknet, und auch körperlich spüre ich es. Es entwickeln sich keine guten Gefühle. Es geschieht alles so weit weg von mir.

Ich bin mir selbst fremd. Mein Mann geht liebevoll mit mir um. Ich spüre mich gehalten. Aber ich kann keine Antwort geben. Auch das Schweigen muss gelernt und ausgehalten werden. Manchmal macht es mich verzweifelt. Werde ich wieder fühlen lernen? Oder bin ich innerlich gestorben? Eigenartig, dass ich über Karfreitag nachdenken muss. Sind solche Durststrecken auch zu unserem Wohl?

Ich denke an die vielen Frauen, die nie solche innige Freude erlebt haben, wie es bei mir früher der Fall war. Das beschämt mich, denn ich wurde so oft beschenkt. Es macht mich sensibel für Menschen, die darunter leiden, nie einen Höhepunkt zu haben. Irgendwie war ich manchmal innerlich etwas ärgerlich, dass sie darunter litten. Ist Ehe nicht mehr als das? Aber jetzt, da nichts in mir zum Klingen kommt, verstehe ich sie. Ich weiß, wovon sie sprechen. Ich erkenne, was sie vermissen.

Nach Karfreitag folgt Ostern, das heißt Auferstehung. Wenn das Grab Jesus nicht halten kann, warum sollte er nicht auch eine Auferstehung der Gefühle schenken können? Vielleicht schenkt Gott uns

Frauen mit den Wechseljahren und mit allen Verletzungen immer neue Chancen der Veränderung und Neuwerdung. Ich vertraue darauf, dass er alles, also auch alles in meinem Leben zu etwas Gutem bereitet. Und ich will warten lernen.

Veränderte Sexualität

In der Sexualität verändert sich manches. Ich merke, wie ich schwerer lebe. Vieles packe ich nicht mehr so selbstverständlich und spontan. Als ich neulich ein Lied anstimmen wollte, brauchte ich eine ganze Zeit, bis ich die richtige Höhe fand. Das irritierte mich selbst am meisten. Ebenso hat sich die Nähe mit meinem Mann verändert. Es ist nicht mehr alles Rausch, was wir erleben. Unsere körperlichen Begegnungen sind nicht so stürmisch, brauchen längere Anlaufzeiten. Aber die Nähe ist verbunden mit einer großen Innigkeit. Und doch ist diese Nähe auch anfällig für Missstimmungen. Gerade weil wir einander so nah sind, spüren wir beide, wenn unser Miteinander gestört ist.

Frauen berichten mir, dass die Geschlechtsdrüsen nicht mehr so intensiv arbeiten. Die Scheide wird nicht mehr so gut durchblutet, die Scheidenschleimhaut ist dünner. Nicht alle Frauen haben dieselben Probleme. Manche Frauen sagen mir, dass sie Schmerzen beim Verkehr haben. Oft hilft ein Gleitmittel aus der Apotheke, das vor dem Verkehr aufgetragen wird. Es ist besonders schön für die Frau, wenn ihr Ehepartner das übernimmt und sie dabei liebevoll berührt.

Jetzt müssen wir die Scheu voreinander verlieren. Es darf kein Tabuthema mehr geben. Wir müssen sprechen und uns darüber austauschen, was wohltut und was nicht. Gerade jetzt ist es wichtig, den anderen neu zu entdecken, um die innere Nähe zu festigen.

Beckenbodenmuskeln trainieren

»Muskeln müssen trainiert werden«, wurde ich beim Frauenarzt belehrt, als ich ihm sagte, wie unangenehm es mir ist, dass ich bei starkem Husten manchmal etwas Wasser verliere. »Die Beckenbodenmuskulatur lockert sich im fortschreitenden Alter. Das brauchen Sie nicht einfach hinzunehmen«, ermutigte er mich. »Dafür gibt es eine einfache Übung, die man fast überall durchführen kann. Diese Übung beugt auch einer Gebärmuttersenkung vor. Egal, ob Sie stehen oder sitzen«, informierte er mich, »erinnern Sie sich daran, diese Übungen durchzuführen. Sie spannen die Scheide innerlich an und ziehen sie nach oben. Nach Entspannung beginnen Sie von neuem. Bei dieser Übung können Sie auch ›aufzugartig‹ vor sich gehen. Spannen Sie Ihre Muskeln an, bewegen Sie die Anspannung nach oben, halten Sie dort fest und versuchen Sie, noch ›ein Stockwerk‹ höher zu gehen. Falls möglich, noch eine Etage weiter. Nach Entspannung dasselbe von vorne. Diese Übung sollte mehrmals am Tag wiederholt werden, und immer mehrmals hintereinander. Immer, wenn Sie etwas Schweres heben, sollten Sie sich innerlich anspannen, damit der Beckenboden fest bleibt und nicht zusätzlich nach unten gedrückt wird«.

Ich bin erstaunt, wie schnell diese Übungen wirken. Schon nach wenigen Tagen spüre ich deutliche Besserung. Dieses Training gibt mir aber auch ein neues Gefühl meiner Weiblichkeit. Ich spüre, wie ich die Nähe mit meinem Mann intensiver erlebe.

Hormone und Sexualität

(Missverständnisse durch hormonale Veränderungen)

Nach vierzig gehen bei der Frau die Östrogene zurück. Östrogene sind Hormone, die den Zyklus beeinflussen. Da sie sich positiv auf die Gefühle der Frau auswirken, nennt man sie auch »Stimmungsmacher«. Um die Mitte des Zyklus sind sie am stärksten vorhanden, gegen Ende des Zyklus befinden sie sich auf dem Tiefstand. Deshalb fühlen sich die Frauen um die Zyklusmitte meist recht wohl, und viele sind um das Zyklusende sogar krank und erschöpft, sowohl physisch als auch psychisch.

In den Wechseljahren verbindet sich das abnehmende Östrogen mit den entsprechenden Stimmungen und mit Selbstwertzweifeln. Die Frau wird sich selbst fremd, verliert den Zugang zu sich. Ihre Haut ist schneller ausgetrocknet, auch die Schleimhaut weniger durchblutet. Dadurch entsteht in der Vagina eine größere Anfälligkeit für Entzündungen und damit manchmal Schmerzen beim Verkehr.

Wohlgefühl und Selbstwert gehen bei der Frau Hand in Hand. Je mehr sie im Frieden mit sich selbst ist, umso mehr kann sie sich öffnen. Wenn sie sich selbst nicht leiden kann, erlebt sie das Begehrtwerden durch den Mann nicht als Folge des Begehrtseins um ihrer selbst willen, sondern als reinen Trieb des Mannes. Sie fühlt sich als Objekt und wertet sich selbst noch mehr ab, wenn sie es zulässt, auf diese Weise »benutzt« zu werden.

Sie spürt, dass der Mann sie jetzt braucht. Aber sie kann seine Nähe nicht immer einordnen, besonders nach einem Streit. Sie weiß nur, dass wenn sie sich dem Mann verweigert, es nur zu neuen Konflikten führt.

Auch er hat mit dieser Lebensphase zu kämpfen und ist nicht immer ausgeglichen. Wenn er sich in seinem Mannsein nicht angenommen fühlt, hat er den Eindruck, als Mensch abgelehnt zu werden, und reagiert entsprechend auf die Frau im Alltag.

Auf diese Weise sind viele Missverständnisse zwischen den Ehepartnern zu erklären. Die Frau sucht und braucht mehr Verständnis und Zuwendung durch ihren Mann. Indem sie dies einklagt, zieht der Mann sich noch mehr zurück. Er kommt sich ungenügend vor. Auch in anderen Lebensbereichen fühlt der Mann sich überfordert. Häufig muss er sich im Beruf gegen jüngere Kollegen durchsetzen und gegen eigene Kraftlosigkeit ankämpfen.

Jeder bräuchte eigentlich den anderen. Aber beide sind so sehr mit sich selbst beschäftigt, dass sie die Not des Ehepartners oft nicht wahrnehmen.

Lebenserschütterung

Gott lässt immer neue Grenzen zu. Bei einer Routineuntersuchung fand man bei Hans-Joachim einen Polypen im Darm. Bei weiteren Untersuchungen verschlimmerte sich zusätzlich die Diagnose: Dickdarmkarzinom.

Ich kann, ich will es einfach nicht wahrhaben. Und selbst, wenn es wahr ist, kann Gott nicht heilen? Meine Seele ist in einem großen Durcheinander. Will Gott mich als Witwe mit 10 Kindern zurücklassen? Diese Gedanken verfolgen mich bis in die Träume hinein.

Innerlich nehmen mich alle Voruntersuchungen sehr mit. Werde ich meinen Mann behalten dürfen? Alles, woran ich mich im Lauf der Jahre in unserer Ehe störte, scheint so klein zu werden. Wie wenig finde ich es nun schlimm, dass er nicht so romantisch war, wie ich mir das gewünscht hätte – oder insgesamt anders dachte als ich. Innerlich habe ich inzwischen eine ganze Liste parat, was mir dieser Mann alles bedeutet, was er schon alles für mich getan hat, wie sehr ich ihn liebe und behalten möchte. Müssen wir ihn erst verlieren, bevor wir entdecken, wer der andere ist? Viele dieser Fragen bewegen mich, schrecken mich auf, beschämen mich.

»Lass dich nicht operieren«, bitte ich meinen Mann. »Lieber hab ich dich noch ein paar Jahre, als dass du während der Operation stirbst. Ich glaube, dass Gott dich auch so heilen kann.« Doch Hans-Joachim geht unbeirrbar seinen Weg in die Universitätsklinik. Und genau das erweist sich als richtig.

Nun haben wir einander wieder. Welch ein Geschenk! Die Narbe sehen wir mit Staunen und in Dankbarkeit als kleinen Schönheitsfehler für das Geschenk des Weiterlebens an. Wir entdecken einander neu. Diese Möglichkeit, einander verlieren zu können, macht uns sensibel füreinander. Ich habe einen liebevollen Mann zurückbekommen, und er hoffentlich eine Frau, die sich mehr an ihm freut – und ihn nicht mehr dauernd verändern will.

Teilung von Mann und Frau – Unterschiedlichkeit kennenlernen

Die meisten Männer haben einen schwereren Zugang zu ihren Gefühlen als die Frauen. Das ist anscheinend nicht nur gesellschaftsbedingt. Für mich ist es interessant zu lesen, wie eigenartig Gott die Frau schuf: Gott hatte den ersten Menschen zu seinem Bild erschaffen, dem war nichts hinzuzufügen. Eines Tages sah Gott die Einsamkeit des Menschen. Und er beschloss, diesem Menschen eine Gehilfin zu schaffen, die ihm entspräche.

Danach lesen wir im Kap. 2 des ersten Buches Mose, wie Gott diesen ersten Menschen in einen tiefen Schlaf fallen lässt und eine Teilung vornimmt. Er teilt diesen Menschen nach Mann und Frau auf. Keiner von beiden ist nun mehr allein das Bild Gottes, sondern beide zusammen entsprechen Gottes Bild und Wesen. Um dieses Bild zur Vollkommenheit zu bringen, heiraten oft recht unterschiedliche Menschen. Nicht umsonst sagt man: »Gegensätze ziehen sich an«.

Zu dieser Gabe des Andersseins gibt Gott schließlich noch eine unterschiedliche Aufgabe. Wir lesen im folgenden Kap. 3, wie Gott nach der Ausweisung aus dem Paradies dem Mann den Acker anvertraut und der Frau das Kinderbekommen. Mit einem Acker braucht man nicht zu reden. Man muss Entscheidungen treffen und die Auswirkungen beobachten und rechtzeitig handeln. Dies entspricht heute noch ganz der Arbeitswelt des Mannes.

Kinder zur Welt bringen hat etwas mit Beziehung zu tun. Deshalb kommen Frauen so schnell miteinander ins Gespräch. Sie brauchen keine besondere Themen. Es geht ihnen meist um Menschen, wenn sie miteinander reden, und selten um Dinge, Erfindungen oder Politik.

Diese unterschiedliche Aufgabenverteilung kommt beiden in ihrem jeweiligen Aufgabenfeld zugute. Meistens empfindet man sie als Bereicherung.

Doch im Älterwerden empfindet die Frau häufig das Gespräch mit dem Mann als kalt und fremd. Ihr liegen nicht die technischen oder mechanischen Lösungsfragen, die eines Mannes Gehirn bewegen. Sie fragt nicht nach politischen Ereignissen, sondern ganz einfach nach dem Herzen des Mannes.

Gerade das Fremdwerden der eigenen Kinder setzt im Herzen der Frau eine Sehnsucht nach Nähe frei, die auf den Mann befremdend und verunsichernd wirkt. Die meisten Männer haben keinen direkten Zugang zu ihren Gefühlen wie Frauen. Häufig unterstellt die Frau dem Mann, dass er sich gefühlsmäßig verweigert. Sie vergisst dabei, dass es meist nicht auf einem »Nichtwollen«, sondern auf einem Nichtkönnen beruht.

Mein Mann ist der Ansicht, dass Frauen lernen sollten, im Gespräch mit ihrem Mann Ausdrücke zu verwenden, die immer gleich besetzt sind. So wie Männer lernen müssen, nicht nur auf der sachlichen Ebene alles abzuhandeln, sind Frauen verpflichtet, sich eine gewisse Sachlichkeit anzueignen, auf der man sich gegenseitig begegnen kann. Das bedeutet, dass *jeder* die Sprache des anderen erlernen muss. Nur so entsteht eine »Verständnis-Basis«, die von beiden Seiten ausgeht.

Unerfüllte Wünsche dürfen nicht zum Gradmesser meiner Zufriedenheit werden.

Frauen erleben selbstverständlicher ihre Gefühle

Frauen leben in einer viel größeren Selbstverständlichkeit ihrer Gefühle. Sie brauchen keine Zeit, um sich ihrer Gefühle bewusst zu werden. Denn diese Gefühle drängen sich auf.

Nur eine große Gefahr zeigt sich dabei auf: Die Gefühle werden zum Absolutum erhoben. Eindrücke werden als Wirklichkeit erlebt und auch verarbeitet. Das schafft Verwirrung und Feindbilder. Das Verhalten von anderen wird sehr schnell mit uns selbst in Verbindung gebracht. Wir leben unser Leben in der sehr starken Du-Beziehung und können im Verhältnis zum Nächsten kaum neutral denken. Das ist die Stärke der meisten Frauen. Deshalb entsteht so schnell Vertrautheit, ein Gespräch entwickelt sich, fast ungewollt, und sei es nur um ein Sonderangebot im Kaufhaus oder bei der Begegnung mit einer Mutter, die Kinder in ähnlichem Alter hat.

Frauen leben im Vergleich mit anderen

(Männer hören andere Dinge als Frauen)

Die Stärke der Frau, Gefühle zu empfinden, zeigt sich als ständiger Gradmesser für die innere Ausgeglichenheit oder Unausgeglichenheit. Wir sehen mit unseren Augen mehr, als Männer wahrnehmen, wir hören wesentlich mehr heraus bei dem, was gesprochen wird, und wir verarbeiten alles gefühlsmäßig intensiver.

Frauen erleben fast alles im ständigen Vergleich. Das macht das Leben gelegentlich ungemein anstrengend. Wir malen uns das Gehörte vor Augen, wir fühlen mit, wir leiden mit, es bewegt uns weiter. Wir bringen es in Verbindung mit unserem eigenen Leben. Dabei kann uns der Mensch, um den es geht, möglicherweise unbekannt sein. Z.B. geht es um irgendeinen Unfall. Ein Kind wurde verletzt. Ich erfahre das Alter des Kindes und stelle mir vor, es wäre meines gewesen! Im Freundeskreis geht eine Ehe, die scheinbar gut funktioniert hatte, in die Brüche, Ängste beschleichen mich. Könnte uns so etwas auch passieren?

Im Allgemeinen sind dem Mann solche Gedankenbelastungen fremd. Die Stimmungen des anderen gehen ihm nicht so sehr unter die Haut. Er setzt sich nicht damit auseinander, außer wenn er direkt damit konfrontiert wird. Damit lebt er auf eine Weise leichter als die Frau, aber auf die andere Weise auch weniger intensiv mit den Menschen, denen er begegnet. Sein Austausch findet mehr über »den Acker« als über »Beziehung« statt. Die Motorleistung eines Autos oder die Lösung einer schwierigen Aufgabe ist für ihn weit reizvoller, als sich über Kindererziehung zu unterhalten oder Probleme in seiner Partnerschaft offenzulegen.

Frauen sind der Ansicht, dass sie sich über wichtigere Dinge austauschen als Männer, da es ja um Beziehungen und Menschen geht. Männer haben oft den Eindruck, dass Frauen unnötige Dinge reden, die sowieso zu keinen Lösungen finden.

Eigentlich ist beides wichtig. Aber wir müssen einander ernst nehmen. Wenn wir das, was der andere äußert, herunterziehen, kommt es zu gegenseitigen Verletzungen. Deshalb muss neu die Entscheidung fallen: Ich will die Sprache des anderen lernen und nicht nur darauf hoffen, dass er meine spricht!

Ich will neu meinen Partner loben lernen.
Denn dafür ist jeder Mensch offen.

Mich mit meinem Körper neu annehmen

Heute rief mich Rose an. »Welche Gedanken kommen dir, wenn du über dein Älterwerden nachdenkst?« fragte ich sie. Sie überlegte einen Moment und fing zu lachen an. »Stell dir vor«, berichtete sie mir. »Neulich brauchte ich ein neues Passbild. Ich ging zum Fotografen. Als ich die Bilder abholte, war ich hell entsetzt über manche Falten, die darauf gut sichtbar waren. So konnte ich doch unmöglich aussehen! Also ging ich zum Friseur und danach erneut zum Fotografen. Dieses Mal entdeckte ich andere Mängel an der Aufnahme. Aber es war mein Gesicht.« Nach einer kleinen Pause fuhr sie fort: »Wahrscheinlich muss ich es neu annehmen, mit allen Falten und Sonstigem, was mir nicht passt. Ich habe nur das eine.«

Mich neu annehmen lernen. Das ist wahrscheinlich der Schlüsselsatz in dieser Lebensphase. Ja dazu sagen, dass ich älter werde.

Mir selbst fällt es momentan besonders schwer, meinen Körper anzunehmen. Ich merke, wie das Bindegewebe lockerer wird. Die Bauchpartie möchte ich gar nicht betrachten, sondern lieber verdecken. Ich will einfach nicht so aussehen, wie ich aussehe. Die Falten auf der Stirn haben sich vertieft. Der Hals ist nicht mehr so glatt wie früher. Und doch ist dies mein Körper. Ich habe keinen anderen als diesen. Wie selbstverständlich ging ich mit meinem jugendlichen Körper damals um und hatte schon etwas an ihm auszusetzen! Eigentlich schade, dass wir häufig erst im Nachhinein erkennen, was vorteilhaft und schön war!

Vielleicht muss ich neu lernen, im Jetzt das Positive zu erkennen. Noch kann ich, meist ohne Schmerzen, gehen. Noch kann ich ohne Probleme meine tägliche Arbeit verrichten...

Ich möchte mich trotzdem manchmal vor den Augen meines Mannes verstecken. So gerne würde ich ihm einen makellosen Körper schenken. Als ich dies neulich einmal äußerte, fing er zu lächeln an. »Frauchen«, sagte er liebevoll, »was würde ich dir dann zu bieten haben? Ist es nicht unsere Zuneigung zueinander, die uns beieinander Heimat gibt? Und ist Heimat nicht viel mehr wert als Hotelspiel mit dem ständigen Service eines gemachten Bettes?«

Je mehr ich mich selbst annehmen kann,
umso weniger klage ich es von meinem Partner ein...
auch er wird älter!

Sensibel werden für die Not anderer

Da es der Frau über vierzig oft körperlich und seelisch nicht besonders gutgeht, wirkt sie auf den Mann meist nicht besonders anziehend. Er wiederum kann die Frau selten gefühlsmäßig auffangen. Und weil sie sich dadurch alleingelassen fühlt, kann sie sich ihm körperlich wenig öffnen. Für beide beginnt Einsamkeit, die sie je nach Temperament mit Unzufriedenheit, Nörgelei oder auch Rückzug mit Schweigen erleben.

Häufig fühlt sich die Frau unattraktiv und hat mit ihrer Figur Probleme. Leider sind wenige Männer fähig, sensibel darauf zu reagieren. Eine Bekannte berichtete mir, wie ihr Mann voller Verachtung gelegentlich äußerte: »Wie kann man sich so gehen lassen!« Dabei meinte er die zusätzlichen Pfunde, mit denen sie gerade selbst kämpfte.

In dieser Lebensphase kommt besonders deutlich zum Ausdruck, ob in der Ehe ein inneres Zusammenwachsen stattgefunden hat. Dies zeigt sich ebenfalls in der Kommunikationsmöglichkeit, die der Mensch damit verbinden kann. Die Fähigkeit allerdings, sich dabei mit Worten verständlich zu machen, ist nicht nur hilfreich, sondern manchmal irritierend. Unsere Wortsprache wirkt gelegentlich verwirrend, weil sie mit der Körpersprache nicht immer harmoniert. Jeder Mensch belegt Worte mit anderen Begriffen. Der Mann interpretiert zum Beispiel die freundliche Haltung einer Frau möglicherweise mit einer Einladung, ihr näherzukommen. Und bei einer Frau wirkt ihr schimpfender Mann so abstoßend, dass sie danach seine Annäherung im Bett wie Hohn empfindet.

Das Zusammenwachsen in der Ehe ist häufig durch äußere Faktoren blockiert. Die sexuelle Anziehungskraft ist zurückgegangen. Während die Frau auf dem Höhepunkt des Östrogens mehr offen für Sexualität war und oft stärkere Empfindungen beim Zusammensein mit ihrem Mann hatte, wirkt sie jetzt manchmal abweisend. Zuvor wirkte sie auf ihren Mann besonders anziehend. Dazu kommt der Alltag, der anstrengender erlebt wird. Und die Gesamtzahl der Probleme nimmt die Lust, sich einander zu öffnen.

Die Frau begibt sich möglicherweise innerlich auf die Suche nach einem verständnisvollen Mann, der sie auffängt. Sie möchte gerade jetzt das Gefühl haben, für den Mann wertvoll zu sein. Aufgrund dieser Einsamkeit ist sie in Gefahr, aus der Ehe auszusteigen. Auch der Mann fühlt sich zurückgestoßen und ist in Versuchung, außerhalb der Ehe seine sexuellen Wünsche zu befriedigen. Dies alles führt aber zu keinen Lösungen, sondern zu immer neuen Verletzungen und Problemen.

Männersprache – Frauensprache

Viele Frauen nehmen in der Ehe im Lauf der Jahre so manches hin, weil sie zu beschäftigt sind, an allen Punkten des Lebens gleichzeitig zu arbeiten. Meistens stellen die Frauen die Ehebeziehung etwas zurück, bis die Kinder erwachsen werden. Umso mehr wird danach das Defizit der fehlenden Partnerbeziehung bewusst.

Da sich eine Frau während des Zyklus immer wieder gefühlsmäßig verändert, nimmt der Mann die Stimmungen der Frau meist nicht sehr ernst. Wenn sie wieder lächelt, meint er, dass die Ehebeziehung wieder stimmt. Leider begreift er deswegen oft nicht, wenn sich eine echte Krise anbahnt. Er reagiert erst erschüttert, wenn das Ende der Ehe in Sicht zu sein scheint, indem ein Brief vom Anwalt kommt o. Ä.

Mein Mann ließ mich wissen, dass viele Männer sich der Frau gegenüber absicherten, indem sie deren Gefühle nicht ganz ernst nahmen. Im Laufe der Ehejahre machten sie nämlich manchmal die Erfahrung, dass, wenn die Frau »Feuer« schrie, oft nur eine Kerze der Anlass des Geschreis war.

Zur Eheberatung kommen in unser Haus viele Paare, die zwischen 20 und 30 Jahren verheiratet sind. Die Problematik dieser Paare ist häufig ähnliche. Alte Züge, die man früher schon nicht leiden konnte, werden jetzt zum Problem. Man reibt sich aneinander, ärgert sich übereinander, wirft sich fehlendes Einfühlungsvermögen vor.

Erst in den letzten Jahren begriff ich, wie schwer verständlich oft meine Sprache für meinen Mann war. Statt aufzugeben, bemühte ich mich darum, nicht nur gefühlsmäßig zu reagieren. Für ihn ist es auch heute noch wichtig, dass ich – wie er es ausdrückt – verständlich spreche. Das erfordert bei mir Konzentration. Ich darf zwar nicht so spontan sein, wie ich es gerne wollte. Aber dies zwingt mich, auf seine Ebene zu kommen. Er war derjenige, durch den ich lernte, mich in Vorträgen verständlich auszudrücken – auch für Männer.

Ich empfinde, dass jede Frau ihrem Mann eine reelle Chance geben sollte, sich in den Prozess ihrer eigenen Veränderung mit einzubringen. Der Mann hat im Bereich der Gefühle oft einfach schlechtere Startbedingungen und braucht häufig lang, bis er begreifen kann, dass es der Frau ernst ist. Die Frau darf nicht so schnell aufgeben.

Umgekehrt schmerzt mich, wie gerade christliche Männer mit ungeheurer Härte ihr Recht behaupten, statt ihre Frau liebevoll betend vor Gottes Thron zu tragen, wenn sie ihre Not erkennen. Auch der Mann sollte der Frau eine Chance geben und sich öffnen, statt alles nur als »ihr« Problem abzutun.

Der Mann definiert sich stärker als die Frau über seine Sexualität

Im Alter zwischen 18–22 Jahren werden beim Mann die meisten Samenzellen gebildet. Danach wird die Produktion ganz allmählich geringer. Leider sind viele Männer geneigt, dies nicht als Hormonproblem zu sehen, sondern machen für ihre geringer werdende Libido die eigene, älter werdende Frau verantwortlich. Für Frauen kann es ein schmerzlicher Prozess sein, weil sie sich nicht mehr so begehrenswert fühlen.

Von der Frau wird die eigene nachlassende Libido selten als Einbruch in ihr Frausein empfunden.

Der Mann definiert sich stärker über seine Sexualität als die Frau. Deshalb erlebt er diesen Bereich problematischer. Mancher Mann hat Angst, sein Mannsein zu verlieren. Männer über vierzig, die nicht viel von Treue halten, prahlen deshalb gerne mit ihren Abenteuern, ähnlich wie Achtzehnjährige. Die Potenz erscheint als der Ausdruck des Mannseins überhaupt. »Wer das nicht mehr ›bringt‹ den kann man als Mann vergessen«, ist die gängige Meinung. Sicher sprechen nicht alle Männer darüber, aber die meisten fürchten sich davor, ihre Sexualität nicht mehr leben zu können.

Der Mann, der seine Frau liebt, wird sich gerade jetzt von ihr angenommen wissen wollen. Er muss wissen, dass sie ihn begehrt, ohne dabei unter Leistungsdruck zu stehen. Er möchte in seiner Sexualität ähnlich stark angenommen sein wie die Frau in ihren Gefühlen. Mancher Mann ist verunsichert durch das veränderte Wesen seiner Frau. Er hat Angst davor, ihr nahezukommen, weil er »den Korb«, den sie ihm geben könnte, nicht verkraften würde. Und andere Männer drücken sich vor der Einladung der eigenen Frau, weil sie die Befürchtung haben, dann gerade nicht potent zu sein. »Wie gehen Sie mit ihrer Frau um, wenn Sie etwas von ihr ›wollen‹?, fragte ich vor einiger Zeit einen Mann im Gespräch. »Ich will einfach nichts von ihr«, meinte er schlicht. »Nur wenn sie auf mich zukommt, wende ich mich ihr zu. Denn einen Korb von ihr würde ich kaum verkraften. Ich käme mir als Mensch total abgelehnt vor.« Dieser Mann machte ansonsten einen geschäftstüchtigen und keineswegs schüchternen Eindruck.

Unterschiedliche Empfindungen

(Von Mann und Frau beim Umgang mit älter werdenden Kindern)

Als unsere erste Tochter heiratete und einige Monate später nach USA ging, wollte mir schier das Herz brechen. Mein Mann sah dem Ganzen gelassen entgegen und »tröstete« mich damit: »Sieh das doch positiv. Die beiden sind ein prächtiges Paar. Freu dich einfach mit ihnen.« Natürlich freute ich mich mit. Aber ich litt dennoch unsäglich. Der Trost meines Mannes kam mir vor, wie wenn man einem kleinen Kind sagt: »Gib doch endlich Ruhe, das heilt schon wieder«. Ich fühlte mich einsam, nicht verstanden. Und dies riss einen Graben zwischen uns, den mein Mann sich nicht erklären konnte. Es war doch überhaupt nichts Schlimmes passiert! Wie konnte man sich nur so anstellen! Er meinte es überhaupt nicht böse. Wir verarbeiteten aber auf ganz unterschiedliche Weise dasselbe Erlebnis. Ich litt, er konnte es nicht verstehen. Und ich fühlte mich alleingelassen.

Plötzlich kreidete ich meinem Mann alles an, was ich im Laufe der Jahre in unserer Partnerschaft vermisst hatte. Es war, als öffne sich eine heimliche Liste, die ich korrekt geführt hatte. Innerlich baute ich Blockaden gegen ihn. Er empfand mich als fremd und nörglerisch. Und das alles war durch die Heirat einer Tochter ausgelöst! Häufig kommt es in den Jahren über vierzig zu einschneidenden Veränderungen. Viele Frauen fühlen sich durch pubertierende Kinder ausgebrannt und überfordert. Andere leiden unter dem Weggehen der inzwischen erwachsenen Kinder und fühlen eine schmerzliche Leere. Allen gemeinsam ist das Erstaunen, wie anders der Ehemann häufig dieselben Ereignisse verarbeitet. In der Regel löst sich der Mann leichter von den Kindern ab als die Frau. Bei der Vater-Sohn-Beziehung findet gelegentlich ein Rivalitätsverhalten statt, das mit dem Weggehen gelöst ist. Meist finden zwischen Vater und Kindern auch weniger emotionale Ausbrüche statt, da Frauen sich im allgemeinen stärker Schuldgefühle machen lassen und sich auf der Gefühlsebene mehr engagieren.

Auch wenn dies von der Frau schmerzlich erlebt wird, ist sie dem Kind dadurch näher und hat mehr Anteil an seinem Leben. Wie kompliziert ist doch unser Fühlen und Verarbeiten, und zu welch unterschiedlichen Schlüssen kommen wir!

Lebenskrise mit meinem Mann

Mein Mann war, seit wir verheiratet waren, nie ein romantischer Typ gewesen im Gegensatz zu mir. Im Lauf der Jahre lernte ich seine Fürsorglichkeit schätzen, seine Liebenswürdigkeit auf anderen Gebieten und war zufrieden damit. Es war kein Problem für mich, mit anderen Männern umzugehen, und mit Treue hatte ich nie Probleme. Aber dann geriet ich nach all den vielen Jahren des Miteinanders in eine schwere Krise.

Nach der Heirat der einen Tochter und deren Weggang, nach der Fehlgeburt, die mich psychisch durcheinander gebracht hatte, wuchs eine tiefe Sehnsucht in mir, einen Menschen zu haben, der mich verstehen würde. Ich spürte, dass es keine Böswilligkeit war, dass mein Mann anders empfand als ich. Aber ich merkte für mich, dass ich einen Menschen brauchte, dem ich mich hemmungslos in die Arme werfen konnte, der mir die Tränen trocknete und mir sagte: »Sei nur getrost, ich bin bei dir«. Stattdessen entwickelte sich zwischen meinem Mann und mir eine Gesprächspause. Ich wollte ihm meine Gefühle nicht mehr mitteilen, weil ich spürte, dass es ihn nervte. So verschloss ich mich innerlich, und wir wurden einander fremd. Ich wollte auch nicht mehr wissen, was ihn beschäftigte und bewegte. Es war mir einfach leid, an der Seite eines Mannes zu leben, der im Grunde nur meine Zuckerseite sehen wollte.

Ich war innerlich bereit wegzugehen. Dabei hatten wir nicht einmal Streit miteinander. Es war das erste Mal in unserer über zwanzig Jahre dauernden Ehe, dass ich darüber nachdachte, ohne ihn weiterleben zu wollen. Von Hans-Joachims Seite stellte sich das ganz anders dar. Er empfand mich als launisch, unausgeglichen und ständig unzufrieden, egal, was er machte. Er wollte mich auffangen und fühlte sich von mir zurückgestoßen. Dass Gott uns diese Krise unbeschadet überstehen ließ, empfinde ich als große Gnade.

Es gibt offensichtlich Zeiten in unserem Leben, in denen wir von vorne beginnen wollen. Da wird unser Mangel zum Zwang, der uns in eine Richtung treibt. Es ist wie ein Gift, das sich ausbreitet und die Gedanken verwirrt. Ich meinte, ein Recht darauf zu haben, verstanden zu werden. Ich malte mir aus, wie glücklich ich wäre, wenn jemand da wäre, der meine Seele mit Verständnis sättigen würde. Krisen sind verknüpft mit Versuchung. Wir machen uns in dieser Zeit selbst etwas vor, und wir glauben an diese Lüge.

Wie barmherzig sehe ich heute die Not anderer an. Und wie viel besser kann ich auch warnen. Vor einiger Zeit schrieb mir eine Frau: »Danke für Ihren Rat. Es war wohl für mich der allerwichtigste in diesem Jahr.« Ich hatte ihr dringend geraten, nicht wegen eines anderen Mannes, der ihr Zuneigung zeigte, aus ihrer Ehe auszubrechen.

Heute sehe ich, dass bei uns gerade diese Krise einen neuen Zugang zueinander geschenkt hat. Wir erleben einander intensiver als vorher. Mein Mann kann jetzt besser auf meine Gefühle eingehen. Das kommt für mich einem Wunder gleich, da er immer noch ein sehr nüchterner Typ ist. Und ich habe gelernt, seine scheinbar »gefühllosen« Abhandlungen mit Interesse zu verfolgen. Es ist mir wichtig, was er sagt.

Immer noch kann er sich nicht für meine Lyrik begeistern – und ich werde mit ziemlicher Wahrscheinlichkeit keine neue Sprache dazulernen, nur einfach so, weil es interessant ist, ihre Strukturen zu durchschauen. Aber ich höre zu, wenn er sich darüber mitteilt – und er versucht, meine Auslegungen zu einem Gedicht zu verfolgen.

Mitten im Vielerlei und in den Schwierigkeiten merke ich, wie ich mit meinem Mann mehr zusammenwachse als vorher. Wir haben manches an Ängsten voreinander verloren. Mein Mann hat reden gelernt. Es ist für mich erstaunlich festzustellen, wie viele Gefühle er hat, die er früher nie äußerte. Er selbst sagt dazu, dass er sie vorher nicht einmal wahrgenommen hat.

Dies ist ein Prozess von Jahren. Wir dürfen einander nicht so schnell aufgeben. Denn auch Gott gibt uns nicht auf. Die entscheidende Lösung liegt meines Erachtens darin, dass wir einander neu so sehen, wie Gott uns sieht.

Einander neu sehen, wie Gott uns sieht,
das ist das Geheimnis der Liebe.

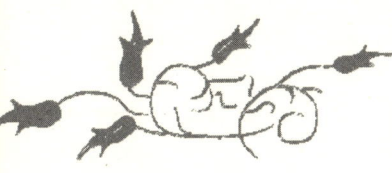

KAPITEL 3

Abgrenzen und Loslassen lernen

Ablösung und Verletzung

Manchmal frage ich mich, warum manche Kinder sich mit solcher Macht von uns ablösen, dass es sich bei mir wie eine Ohnmacht anfühlt.

Vielleicht muss diese Phase deshalb sein, weil Kinder heute viel länger vom Elternhaus abhängig sind. Möglicherweise würden sie nie das Nest verlassen wollen, wenn sie immer unsere Vorstellungen übernähmen. Aber es ist so schwer, die täglichen Auseinandersetzungen auszuhalten, die man lieber friedlich lösen würde.

Manchmal meine ich wegen all der Verletzungen krank zu werden. Es ist für mich beinahe unbegreifbar, wie schwer sich die Ablösung bei manchen von ihnen gestaltet und wie anders die Denkvorstellungen der Jugend sind. Manchmal habe ich den Eindruck, sie wollten das Gegensätzliche nur, um meine Begründungen dazu kennenzulernen.

Eine schon erwachsene Tochter bekannte mir später: »Ich war in Vielem deiner Ansicht. Auch wenn ich nicht so handelte, sondern genau das Gegenteil tat, verstand ich sehr wohl, was du sagtest. Ich glaube, die meisten Eltern hören auf zu reden, weil sie resigniert sind und meinen, es nütze alles nichts. Aber es stimmt nicht. Jedes Wort kommt an – trifft, auch wenn wir uns als Teenager so arrogant geben, als hätten wir nicht einmal zugehört«.

Heutzutage haben es heranwachsende Menschen schwerer als je zuvor, weil sie vielfältigen Einflüssen ausgesetzt sind. In ihrem Alter identifiziert man sich stark mit Gleichaltrigen. Man möchte »in« sein, dazugehören. Die Familie zählt nicht. Deshalb ist der Zugang zu Drogen und Sex mit viel weniger Schranken belegt als früher. Dazu kommen okkulte Beeinflussungen. Wenn unsere Kinder von der Schule nach Hause kommen, bringen sie täglich eine große Spannung mit sich. Es dauert manchmal eine Stunde, bis sie abklingt. Manche unserer Kinder verhalten sich aggressiv, werfen mit Worten um sich und verletzen dabei andere. Schnell schlägt eine solche Stimmung auf die ganze Familie über. Und nicht immer kann ich es verhindern.

Doch ich habe mir angewöhnt, mehr zu beten, schon bevor sie nach Hause kommen. Meine Sorgen bringe ich zu Gott. Das entlastet mich, weil ich spüre, dass Gott mitträgt.

Ich bin nicht mehr so belastbar

Aus meinem Tagebuch:

Heute ist ein regnerischer, dunkler Tag. Wir haben gerade ein Eheseminar hinter uns. Ich merke, dass Gespräche mich anstrengen. Oft weine ich mit den Menschen und ihrer Not. Ich kann mich schlecht abgrenzen. Ihre Not fällt geradezu in mein Herz.

Es strengt mich alles sehr an. Die Planung und Durchführung war früher auch anstrengend, aber heute fällt sie mir noch schwerer. Bis ich fertig war, die Zimmer zu richten, stand ich in Schweiß.

Ich war mit den Kindern, die mir halfen, anscheinend nicht so freundlich. Meine große Tochter wies mich darauf hin.

Ich spüre, wie viele Erwartungen an mich gestellt werden. Ich war früher viel geduldiger. Wieso bin ich es nicht mehr? Ich kann mit dem kleineren Maß an Kraft noch nicht richtig umgehen.

Überforderung

Mit einer Tochter fuhr ich zur Kieferorthopädin, gleich nachdem alle zur Schule gegangen waren. Früher stöhnte ich über die ständigen »Taxidienste«. Heute weiß ich, dass es gute Chancen sind, sich einem einzelnen der Kinder zu widmen.

Im McDonald's wartete ich auf sie, da die Geschäfte noch geschlossen waren. Als sie schließlich kam, wollte ich noch einiges erledigen. Sie erduldete es, war aber nicht besonders freundlich. Ich brauchte für ihre Begriffe viel zu lang. Dieses Mal hatte ich keine kleinen, schreienden Kinder dabei, dafür eine große, unzufriedene Tochter.

Während ich auf meine Tochter wartete, wurde ich von einer Amerikanerin bedient. Das erinnerte mich an unsere andere Tochter, die in den USA wohnt. Häufig verdient sie sich Geld neben dem Studium damit, dass sie bedient. Mein ganzes Heimweh kam hoch. Ich konnte die Tränen nicht zurückhalten und weinte. Es waren nicht viele Menschen dort. Hätte mich jemand gefragt, warum ich weine, hätte ich angegeben, Heimweh nach meinem Kind zu haben.

Bin ich aber zu Hause, weine ich manchmal aus Kraftlosigkeit über die Kinder, die noch bei uns leben. Ich fühle mich gelegentlich so am Ende mit meiner Kraft. Die ständigen Streitereien der Kleinen, die Auseinandersetzungen mit den Großen kosten unendlich viel Nerven.

Auf dem Heimweg war unsere Tochter ungehalten mit mir. Fragte ich etwas, bekam ich meist eine brummige Antwort – oder sie schwieg. Später entschuldigte sie sich. Das machte mich sehr froh. Aber innerlich war ich trotzdem betrübt. War das das Kind, das ich geboren, monatelang gestillt und mit so viel Liebe umgeben hatte? Ich fühlte mich wie ein Versager. War dies das Ergebnis meiner Hingabe?

Ich fragte mich, ob es Selbstmitleid ist, das ich pflege. Hatte ich zu viele Erwartungen? Meinte ich, mit meiner Liebe alles richtig zu machen? Hatte ich den Glauben, alle würden mich lieben, nur weil ich sie alle unendlich liebte?

Als unser großer Sohn mich wissen ließ, dass er bald Richtung Köln ziehen würde, um öfter seine Freundin besuchen zu können, dachte ich, mein Herz würde mir wieder ein Stück mehr geteilt.

Gelegentlich versuche ich, selbstkritisch über mich nachzudenken. Ich empfand mich nie als dominant, eher als spontan, mit einer starken Vorstellungskraft. Jedoch entdecke ich neue Züge an mir. War ich früher schon so, nur ohne es zu merken? Überrannte ich viele Menschen mit meiner Überzeugung?

An meinen Kindern erkenne ich meine Grenzen. Meine Kinder zeigen mir, wer ich bin. Ich habe selten so kritisch über mich nachgedacht wie jetzt und heute.

Herr, wohin soll ich gehen, wenn nicht zu dir! Ich laufe in deine offenen Arme.

Mich abgrenzen lernen

Wie sehr hatte ich mir immer Kinder gewünscht. Sie waren für mich ein Stück weit der Sinn des Lebens, bedeuteten Erfüllung, Bereicherung, Glück. Ich betrachtete sie als sichtbares Zeichen des Segens Gottes.

Aber jetzt… Die Kraft ist mir aus. Ich erlebe unsere Kinder, die ich so liebe, oft wie unzufriedene, fordernde Angreifer. Und von mir erwarten sie Ausgeglichenheit. Manchmal möchte ich ihnen sagen: »Lebt doch, wie ihr wollt, es ist mir egal«.

Doch das stimmt nicht! Es ist mir nicht egal! Ich liebe sie immer noch! Nur ist diese Art Liebe, die wenig erwidert wird, so anstrengend. Ich muss lernen, ihre Not heraushören, dann wird es leichter. Es ist ihre Art, um Hilfe zu rufen, wenn sie mit ihren eigenen Gefühlen nicht zurechtkommen.

Manchmal ist mir das Leben einfach zu schwer. Dann möchte ich ausbrechen und alles hinter mir lassen: Mann und Kinder und Aufgaben.

Ich muss neu lernen, mich abzugrenzen. Leider geht das nicht immer nur friedlich. Und vielleicht ist etwas Gutes daran. Als ich neulich bei einem unserer Teenager laut wurde, antwortete dieser: »Deine Reaktion tut mir richtig gut. Du hast dich sonst in der Gewalt. Du scheinst mir immer überlegen zu sein. Aber als du eben laut wurdest, merkte ich, dass du auch nur ein Mensch bist und Grenzen hast«.

Zu stark lasse ich mich von den Launen der Großen beeinflussen. Ich versuche, auf sie einzugehen. Aber dadurch wird es manchmal noch problematischer. Jeder macht mir Vorwürfe, ihn nicht zu verstehen. Und sie merken, dass sie mich auf dieser Schiene voll treffen. Denn ich will sie verstehen. Gerade dieses Gefühl vermisste ich so schmerzlich in meiner eigenen Teenagerzeit. Und nun merke ich, wie kompliziert diese Zeit ist. Ich werde sehr barmherzig mit meinen eigenen Eltern. Früher hatte ich noch das Gefühl, es einmal besser zu meistern als sie.

Heute war eine der Großen mit Geschirrspülen dran. Als ich sie daran erinnerte, gab sie mir zu verstehen, ich setze sie unter Druck. So ließ ich sie gehen und machte den Abwasch alleine. Danach hatte ich das Gefühl, der Abfalleimer für alle zu sein. Das kam der ganzen

Familie nicht zugute. Als Esel der Familie, so fühlte ich mich, benahm ich mich auch wie ein Esel und verbreitete meinerseits Schuldgefühle bei den anderen.

Gedanken am Abend dieses Tages: Ich muss lernen, meinen Kindern etwas zuzumuten, ohne auf ihren Gesichtsausdruck einzugehen. Belastbar wird man durch Lasten, nicht durch Vermeidung. Keiner kann alles alleine tragen, auch ich nicht.

Am nächsten Tag: Wieder ist ein Tag vergangen. Ich möchte das neu Erkannte umsetzen. Da die Aufgabe nicht selbstverständlich von ihr ausgeführt wurde, muss ich die Tochter daran erinnern. Die anderen würden in den nächsten Wochen im Wechsel diese Aufgabe auch erledigen müssen. Die Reaktion der Tochter war dieselbe wie gestern. Doch meine war anders: »Du darfst ruhig deinen Gesichtsausdruck nach deinem Empfinden wählen. Aber du wirst die Aufgabe trotzdem erledigen. Du darfst auch dabei schimpfen. Nur bitte lass so lange die Tür hinter dir in der Küche geschlossen.«

»Eigentlich ist es gar nicht so schlimm«, sagte sie mir etwas beschämt hinterher, »dass ich jedes Mal solch ein Drama daraus machen müsste.«

Nicht nur leiden – handeln!

Der Umgang mit halbwegs erwachsenen Kindern, die noch im Hause leben, ist nicht ganz unproblematisch. Heute hatte ich eine Auseinandersetzung mit unserer Tochter.

Ich brauchte dringend das Telefon, um eine Bestellung vor Geschäftsschluss durchzugeben. »Bitte gib mir das Telefon«, bat ich sie. Dazu hatte sie gar keine Lust, da sie gerade ein tolles Gespräch führte. »Du kannst wieder anrufen, sobald ich die Sache erledigt habe«, versprach ich ihr. Doch sie gab mir den Hörer nicht. Ich merkte, wie ich innerlich fertig war. Am liebsten hätte ich mich in irgendeine Ecke gesetzt und geweint. War es bei gutem Umgangston nicht möglich, einem Kind mitzuteilen, wie wichtig einem etwas ist?

Wir leben in einer Zeit, in der es immer schwerer wird, Teenager zu führen. Wenn schon dies nicht immer möglich ist, müssen wir als Eltern lernen zu überleben. Tief drinnen spüre ich, dass, wenn ich resigniere, alles nur noch schlimmer wird. Dann bemitleide ich mich und werde depressiv.

Also gehe ich stattdessen in eine konstruktive Auseinandersetzung. Ich überlege mir, was am meisten einen Lernprozess einleiten könnte, um solch ein Verhalten in Zukunft zu stoppen.

Nach einer Zeit der Besinnung ging ich zu meiner Tochter:

»Du wirst jetzt für drei Tage Telefonsperre haben«, gab ich ihr zu verstehen. »Zwar werde ich dir Gespräche vermitteln, die hereinkommen, aber ich erlaube dir nicht, selbst zu telefonieren.«

Dass ich als Dankeschön keinen Handkuss bekam, wusste ich.

Sie nahm diese Beschränkung allerdings ohne Murren an, und bis heute hatten wir damit keine Probleme mehr.

Mir eingestehen, dass ich Grenzen habe, sie formulieren – mich nicht ständig überfordern

Eine Tochter ist inzwischen mit ihrem Kind wieder nach Deutschland zurückgekommen. In Kürze wird auch ihr Mann dasein. Sie haben uns außer einem süßen Enkel drei Rottweilerhunde beschert. Und seit einiger Zeit hat das Weibchen fünf Welpen geboren. Da es draußen schon ziemlich kalt ist, müssen wir die Kleinen mit der Mutter im Haus halten. Das bringt allerhand Durcheinander und Gerüche mit sich.

Eigentlich bin ich glücklich, dass die Kinder wieder da sind. Aber irgendwie bin ich auch plötzlich wieder die Mutter, die alles versteht, alles erträgt und für alles zuständig ist. Ich merke, wie ich einfach nicht mehr kann. Äußere ich mich, werde ich liebevoll beruhigt, und es wird weiter die Last auf mich geladen. Niemand meint es böse. Dadurch fühle ich mich schlecht, wenn ich manchmal laut werde.

»In meinen Grenzen leben lernen«, geht mir durch den Sinn. Ich muss nicht aller Leben leben, ich muss nicht alle verstehen. Ich darf auch auf meine Grenzen achten, die bei ständiger Überschreitung strapaziert werden. Dann bin ich nicht mehr ich selbst. Ich darf mich abgrenzen. Noch mehr: Ich *muss* mich abgrenzen, um nicht ständig andere zu verletzen, weil ich aus Überforderung falsch reagiere.

Aber das wird mit Verletzung einhergehen, wenn der andere nicht begreifen kann, dass es für mich wichtig ist.

»Du willst uns nur loswerden«, meinte meine Tochter traurig, als ich ihr mein Anliegen vorbrachte, sich nach einer eigenen Wohnung umzusehen. »Wir sind dir zu viel«.

Wie weh das tat! Und doch musste ich dabei bleiben, ihr die Dringlichkeit zu vermitteln. Inzwischen leben sie im eigenen Haus. Ich bin so froh, dass diese Geschichte hinter uns liegt und wir uns trotzdem – oder sogar noch besser, miteinander verstehen als vorher.

Teenager sagen nicht unbedingt, was sie denken

Aus meinem Tagebuch:

Ich lerne täglich dazu. Teenager sagen nicht unbedingt, was sie wirklich denken. Oft wollen sie nur Reaktionen testen.

So kam eine Tochter nach Hause: »Mama, ich gehe jetzt bald auf das Abitur zu. Eigentlich bin ich viel zu groß für Küsschen. Ab sofort gibt es nur noch eines, wenn ich am Nachmittag nach Hause komme. Der Abend- und Morgenkuss werden ersatzlos gestrichen«.

Was soll man als Mutter dazu sagen? Ich schluckte und erwiderte: »Dann werd' ich wohl mit dem einen Küsschen leben müssen. Ich denke, ich werde es überstehen«.

Kurze Zeit später kam eines unserer Kinder und sagte: »Mama, sie liegt im Bett und weint fürchterlich. Wir können sie nicht trösten. Du musst kommen«.

Ich ging in ihr Zimmer. Als sie mich sah, drehte sie sich zur Wand. Jetzt wusste ich, dass ich der Auslöser der Tränen war. Aber was hatte ich falsch gemacht? Ich setzte mich an ihr Bett. Auf meine Fragen war nur ihr erneutes Schluchzen die Anwort. Schließlich, nach viel Zeit, kam es aus ihr heraus: »Du hast mein Küsschen gar nicht wichtig gefunden! Statt darum zu kämpfen, hast du es einfach preisgegeben. Und ich dachte, dir würde es etwas bedeuten, wenn ich dir ein Küsschen gebe!« Wie viele Missverständnisse kann unsere Sprache verursachen!

Ich habe bei diesem Erlebnis noch etwas anderes gelernt. Wer Geschwister hat, ist reich! Zwar hat man die Zuwendung der Eltern nicht ungeteilt, aber man findet immer einen Verbündeten.

Und als Eltern weiß man manches mehr, weil die Kinder die Nöte der anderen zu einem tragen, die einem sonst möglicherweise verborgen blieben.

Vom Umgang mit Resignation

»Mama«, sagte einer unserer Ältesten, »ich werde kein Abitur machen. Für was auch? Ich will einen ganz normalen Beruf lernen«.

»Ich möchte mein B-Horn verkaufen«, meint ein anderer nach sechs Jahren Unterricht. »Ich bin aus diesem Instrument herausgewachsen«.

»Nächsten Monat werde ich 18 Jahre alt und will bald heiraten«, informiert uns eine andere Töchter. »Aber du hast noch ein Jahr bis zum Abitur«, wenden wir als Eltern ein. »Das macht doch nichts«, findet sie, »warum soll mich das daran hindern, Abitur zu machen?« Sie heiratet. Heute studiert sie im vierten Semester.

»Ihr werdet mich nicht zwingen können, auf eine weiterführende Schule zu gehen«, sagt eine andere Tochter bestimmt, »ich werde sonst einfach entsprechende Noten nach Hause bringen«. Sie ist inzwischen Bäckerin, verheiratet und findet diesen Beruf super.

Wieder eine andere Tochter geht auf die Hauptschule und macht mit über zwanzig das Abitur nach.

Wenn Eltern einmal über vierzig sind, beginnt die Zeit der Zunahme von Enttäuschung und Resignation. Man hat sich vieles anders vorgestellt. Wie gut hatten wir für unsere Kinder geplant, ihnen gut gewollt. Aber in vielen Dingen hatten sie völlig andere Vorstellungen als wir. Jedes Kind ist ein Original!

Ich denke dabei auch an einen jüngeren Sohn. Er wurde nicht eingeschult, weil er den Aufnahmetest nicht bestand.

Ich merkte, wie mir (!) das schwerfiel. Später war er ein solch guter Schüler, dass man ihn eine Klasse überspringen lassen wollte. Nach der vierten Klasse meinte sein Lehrer: »Dieser Junge wirkt immer abwesend. Man hat den Eindruck, er sei gar nicht bei der Sache. Aber jedes Mal, wenn ich ihn anspreche, hat er die richtige Antwort«. Ich holte mir einen Termin in der psychologischen Beratungsstelle. Am Ende des Gesprächs erkundigte ich mich, ob ich wohl wiederkommen solle. »Dieser Junge hat kein Problem«, ließ mich der Psychologe wissen. »Nur Sie haben eines. Sie haben dieses Kind nicht in seinem Sein angenommen. Wollen Sie lieber einen Hochstapler?«

Das gab mir zu denken.

Was will ich? Im tiefsten Grunde das angepasste, liebenswerte, kluge Kind!

Habe ich mein Kind angenommen, so wie es ist?

Sage ich Ja zu ihm, selbst wenn es meinen Vorstellungen nicht entspricht?

Motiviere, aber überfordere ich es nicht?

Ich merke, wie ich an Grenzen komme. Aber ich darf um Weisheit beten, wie es der Jakobusbrief in Kap. 1,9 sagt: »Wem Weisheit mangelt, der bete darum«.

GEBET: Vater im Himmel, ich möchte mein Kind so sehen lernen, wie du es siehst, so wahrnehmen können, wie du es gemeint hast, als du es erschaffen hast. Öffne meine Augen und lehre mich, es so zu fordern, wie es das braucht. Und es nicht zu überfordern, damit es nicht aufgibt.

Unsere Erwartungen an unsere Kinder in ihrem Verhalten

Für Kinder ist es schwer, Eltern zu haben, die in einer besonderen Position stehen. Seien sie Kinder von Pfarrern, Gemeindeleitern, Lehrern oder anderen Menschen, die in der Öffentlichkeit eine Aufgabe wahrnehmen. Das Erwachsenwerden der Kinder geschieht hauptsächlich durch ihre Abgrenzung, durch ihr Anderssein. Und um ihren Weg zu finden, überschreiten sie oft Grenzen, bringen sich und andere in Gefahr, überschreiten die Grenzen ihres eigenen Gewissens, um zu sehen, ob es das Gewissen der Eltern oder ihr eigenes ist. Sie setzen Verletzungen, um sich besser abgrenzen zu können, schaffen Auseinandersetzungen um ein Recht, das sie zwar nicht brauchen, aber haben wollen. Sie fordern, probieren aus, grenzen ab, plagen, sagen Ja und handeln Nein ...

All das gehört zum Erwachsenwerden. Nur zu schnell haben wir vergessen, wie es bei uns war. Die gute, alte Zeit? Sicher war manches einfacher. Aber die Ablösung damals war auch mit Schmerz verbunden.

Wir waren dabei, zur Kirche zu gehen. Seit wir eine andere Gemeinde gewählt hatten, waren unsere Kinder bereit, gerne mitzugehen. Bald fand ich heraus, warum. Es gab einige attraktive, junge Leute in ihrem Alter dort.

Wir saßen alle schon im Auto und warteten nur noch auf eine Tochter. Als sie aus der Haustür kam, war ich hell entsetzt. Der Rock, den sie trug, reichte gerade, um das Allernotwendigste zu bedecken. Auf den Stöckelschuhen konnte sie kaum laufen: »Woher hast du diesen Rock?« fragte ich, indem ich versuchte, mich zurückzuhalten. »O Mam«, antwortete sie strahlend, »ich habe ihn mir für nur fünf Mark von meinem Taschengeld gekauft« – »Und die Schuhe?«, wollte ich wissen. »Die bekam ich fast nachgeworfen, sie kosteten noch weniger, alles Schnäppchen«, informierte sie mich stolz.

Ich wusste, wenn ich sie aufforderte, ins Haus zurückzugehen, um sich umzuziehen, würde sie nicht mit in den

Gottesdienst gehen. Schweren Herzens fuhren wir los. »Was werden die Leute denken?«, ging es durch meinen Kopf. Plötzlich erkannte ich, dass mir im Grunde die Meinung der Menschen wichtiger war, als dass mein Kind einen Gottesdienst besuchte.

Gott prüfte auf eigenartige Weise mein Herz. Der Pfarrer stand an der Tür und begrüßte jeden. »Was hast du dir für Mühe gemacht mit deinem Aussehen!« sagte er liebevoll und schaute dabei auf die rotgefärbte Haarsträhne. »Gott hat dich wunderschön gemacht.« Meine Tochter blickte mit einem Blick des Triumphes zu mir zurück und stolzierte in die Kirche. Gebe Gott uns noch viele solcher liebevollen Geistlichen, die Durchblick haben!

Die anderen Besucher schwiegen mir gegenüber in dieser Angelegenheit. Ich fand das taktvoll und war Gott sehr dankbar dafür. Was sie dachten, kann ich nur erahnen.

Momentan haben wir ganz andere Sorgen. Solche Angelegenheiten von damals bringen mich heute nur zum Schmunzeln.

Wie wichtig erscheint uns oft, dass nach außen alles stimmt. Dabei sieht Gott zuerst unser Herz an! Manchmal wollen Kinder durch ihr provozierendes Verhalten zeigen, dass sie eigene Persönlichkeiten sind, und nicht so wie die Eltern. Und manche müssen kräftig auftragen, damit es jeder wahrnimmt. Diese inzwischen erwachsene Tochter ist ein prächtiges Menschenkind, das seinen Weg mit Gott geht.

Ich fühle mit vielen Frauen, die mir ihre Sorgen mit ihren Kindern anvertrauen. Ich denke an jene Pfarrersfrau mit ihrer drogensüchtigen Tochter oder jene alleinerziehende Mutter, deren Teenager ständig wechselnde Jungenfreundschaften pflegt und nächtelang unterwegs ist; jene liebevolle Mutter, deren Kind sie fertigmacht und nur Markenkleidung und Markenschuhe fordert; an die verzweifelte Mutter, die verhindern will, dass ihre Tochter abtreibt...

Ich merke, wie so manche Not in unserer eigenen Familie mich demütig gemacht hat und ich dadurch für die Verzweiflung der anderen sensibel geworden bin. Früher hatte ich vorschnell geurteilt und verurteilt, sowohl Eltern als auch Kinder.

Wir leben in einer besonderen Zeit, in der die Ablösung der Kinder von den Eltern, die ihre Kinder lieben, besonders schmerzlich erlebt wird. Es ist so viel Hass, Aggression, Auflehnung und Verletzung dabei. Es tut sehr weh, mitanzusehen, wie junge Menschen mit den älteren umgehen.

Ich merke, wie viele Eltern dabei resignieren. Viele Väter mischen sich nicht mehr ein, warten einfach nur ab, bis die Kinder aus dem Haus gehen. Sie bringen sich innerlich nicht stark ein, um sich vor diesen Verletzungen zu schützen. Die Mütter jedoch sind in der Regel mit den Kindern mehr zusammen. Und weil Frauen sich meist nicht nur sachlich, sondern auch gefühlsmäßig auseinandersetzen, kommt es zu vielen Verletzungen.

In den letzten Wochen riefen mich erschreckend viele Frauen an, die ihre Familie – hauptsächlich weg von ihren Kindern – verlassen wollen, weil sie diese Situation nicht mehr bewältigen können. Frauen sind wegen ihrer Kinder selbstmordgefährdet, nehmen Medikamente, weil sie es nervlich nicht mehr schaffen, gehen wieder arbeiten, um wenigstens für Stunden den Kindern auszuweichen.

Ich liebe unsere Kinder und sehe sie als Geschenk von Gott. Und doch kenne ich die Stunden, in denen ich mich durch sie so herausgefordert fühle, dass ich fliehen möchte. Manchmal habe ich den Eindruck, dass an diesem Punkt auch ein geistlicher Kampf stattfindet. Dann empfinde ich diese Geschenke Gottes wie unersättliche, plagende, unzufriedene, sich streitende Monster, die nur da sind, um mich zu quälen. In solch einer Stunde erreichte mich neulich eine fröhliche Geburtsanzeige. Ich staunte nicht schlecht, als ich mich selbst stöhnen hörte, indem ich sagte: »Ach, Leute, was habt ihr euch da angetan!«

Diese Erde ist nicht das Paradies. Es ist die Folge einer gefallenen Schöpfung. Und dies macht sich auf allen Lebensgebieten bemerkbar. Diese Welt ist das Herrschaftsgebiet der Finsternis.

Und wir sind nur Botschafter. Unsere eigentliche Heimat ist nicht hier.

Wir haben manche Kämpfe auszustehen. Das soll uns nicht in die Resignation treiben, sondern in den Kampf.

Der Fürst dieser Welt ringt um unsere Kinder. Wir sollen sie ihm nicht kampflos überlassen.

Jesus wählt das Gleichnis vom verlorenen Sohn. Vielleicht dachte Jesus damals schon an die vielen Väter und Mütter, die später Ähnliches erleben würden. Zwei Dinge gehen mir in dieser Geschichte besonders zu Herzen. Das eine ist die Haltung des Vaters. Er nahm das Abschied-Nehmen des Sohnes hin, ging auf die Forderungen ein – trotz besseren Wissens, was geschehen würde – ohne Vorwürfe.

Wir lesen hier nichts von Resignation, Verzweiflung, Selbstvorwürfen. Der Vater wartet auf die Zeit der Heimkehr des Sohnes, aktiv, doch ohne auf eine bestimmte Zeit fixiert zu sein. Und er nimmt schließlich den Sohn in seine Arme, bedingungslos.

Die Haltung des Sohnes nach seiner Rückkehr beinhaltet für mich die zweite bewegende Aussage: Der Sohn kommt in der Haltung unendlicher Demut und liebt danach den Vater so sehr, wie er ihn zuvor nie hätte lieben können.

Diese Umkehr brauchte geradezu einen tragischen Auszug, damit sie so enden konnte.

Welchen der beiden Söhne wünschen wir uns selbst am Schluss der Geschichte? Unzweifelhaft den zunächst verlorenen. Nur würden wir gerne die Geschichte so zusammenstreichen, dass der brave Sohn zum Schluss auch der gerettete Sohn wäre.

Ablösungsschmerzen

Aus meinem Tagebuch:

Es schmerzt mich, wie einige unserer größeren Kinder ihre Entwicklung nehmen. Wie liebe ich diese Kinder immer noch! Wie stark fühle ich mich ihnen verbunden! Einige lösen sich mit Macht von uns Eltern ab.

Vielleicht ist das nötig. Zwar lasse ich sie äußerlich gehen, versuche mich nicht in ihr Leben zu drängen, frage nicht nach, wo sie nicht gefragt werden wollen, aber ...

Ich erahne ihre heimlichen Sorgen, spüre ihre Bedrückung, merke an manchen Äußerungen, dass sie alleine durch manche Schwierigkeit gehen wollen – ohne meinen Rat. Ich muss aushalten lernen, dass ich nicht gefragt bin. Ich muss damit fertig werden, wenn sie nicht kommen, wenn sie nicht schreiben.

Es ist ihr Leben.

Ich bin nicht mehr verantwortlich. Aber ich möchte es gerne sein, wenn sie mich brauchen. Doch ich möchte auch nicht missbraucht werden und nur für sie da sein, wenn sie gerade Geld benötigen. Da fühle ich mich so armselig.

Neu muss ich meine Rolle finden. Nicht nur sie dürfen sich abgrenzen. Auch ich darf es. Ich darf nicht nur, ich muss sie sogar wissen lassen, dass auch ich ein eigenes Leben führe, dass auch ich meinen Weg finden muss. Mit Hans-Joachim will ich neu festlegen, wann und wie wir damit umgehen wollen. Es fällt mir schwerer als ihm, darüber nachzudenken, weil er gefühlsmäßig keine Probleme damit hat.

Eltern und Kinder brauchen Vergebung

Mit unseren größeren Kindern habe ich gelegentlich Gespräche, in denen sie mir mitteilen, was ihnen aus ihrer Kindheit noch »auf dem Magen liegt«. Ich merke, wie verschieden wir manche Situation erlebt haben. Manches lässt sich dabei sogar als Missverständnis aufklären. Aber an vieles kann ich mich nicht erinnern. Ich weiß nur, dass ich ihnen niemals bewusst schaden wollte. Das heißt nicht, dass ich keine Fehler begangen hätte. Denn mein Verhalten war nicht immer ausgeglichen, und aus Unkenntnis oder Überforderung geschah sicher manche Verletzung. Wir erleben im Miteinander immer Verletzung, egal, ob wir das wollen oder nicht. Wo wir es wagen, uns zu öffnen, wird es unweigerlich Verletzungen geben.

Deshalb bitte ich meine Kinder von Herzen um Vergebung. Welch eine Befreiung sind solche Gespräche, wenn sie nicht in Vorwürfen und Rechtfertigungen enden.

Es geht für mich dabei nicht um die genaue Abklärung darüber, wer recht hat, sondern das Ziel ist Aussprechen und Versöhnung.

Wesentlich schwieriger gestalten sich Gespräche, in denen ich den Kindern signalisiere, in welchen Lebensphasen sie uns Nöte bereiteten. Sie waren fast ärgerlich darüber, dass ich als Mutter dies nicht alles großzügig vergessen hatte. Das schien ihnen alles so weit hergeholt zu sein. Das waren plötzlich »alte Kamellen«, die ich wieder auftischte. So schlimm war das doch alles nicht gewesen in ihren Augen!

Ich spüre bei manchen Kindern, wie wenig es bringt, wenn ich sie wissen lasse, dass auch sie mich gekränkt, verletzt, genervt haben. Trotzdem darf ich es aussprechen, wenn es mir wichtig ist. Ich darf nur nicht erwarten, dass auch sie mich verstehen – noch nicht.

Mark Twain, dem bekannten Schriftsteller, soll ein Teenager einmal recht verzweifelt geschrieben haben: »Meine Eltern verstehen mich überhaupt nicht«. Mark Twain habe daraufhin geantwortet: »Junger Mann, haben Sie noch ein wenig Geduld mit Ihren Eltern. Sie sind noch lernfähig. In ein paar Jahren werden Sie feststellen, wie sie sich verändert haben.«

Welch eine weise Antwort! Wir brauchen Geduld mit dem Älterwerden unserer Kinder.

Es ist schon eigenartig, welche Erlebnisse Eltern und welche Kinder in Erinnerung behalten – und auch wie unterschiedlich sie bewertet werden. Die entscheidende Lösung scheint mir nicht im Ausdiskutieren dieser Vergangenheit zu liegen, sondern im gegenseitigen Aussprechen und Vergeben. Tief in unserem Inneren brauchen wir das Wissen: Ich wollte dich nicht verletzen. Es tut mir leid. Vergib mir.

Kurzzeit – und Langzeitgedächtnis

Je älter ich werde, umso mehr kommt meine Kindheit hoch.

Ich erinnere mich an einzelne Szenen aus dieser Zeit. Es kommt mir vor wie ein Film, den ich vor langen Jahren einmal gesehen und völlig vergessen hatte, was darin vorkam. Nun wird er lebendig.

Während meiner Ausbildung als Krankenschwester lernte ich, dass sich das Gedächtnis des älter werdenden Menschen immer stärker auf die Kindheit ausrichtet. Das neu Erlebte wird weniger stark gespeichert. Das sogenannte Kurzzeitgedächtnis, das einem als Jugendlicher spielend half, schnell auswendig zu lernen, lässt nach. Das Langzeitgedächtnis intensiviert sich.

Auch bei mir ist dieser Prozess im Gang. Ich brauche länger, um mir manches einzuprägen. Oft bin ich erschrocken, wie schnell mir ein Gedanke entfällt, besonders stark erlebe ich das, wenn ich müde bin.

Dafür stehen Erlebnisse aus meiner Kindheit vor meinen Augen, als seien sie gestern geschehen.

Mit dem Älterwerden wird auch meine Kindheit lebendig

Alte Erinnerungen tauchen auf. Alte Wunden schmerzen wieder, lang Vergessenes kommt hoch.

Plötzlich erinnere ich mich daran, dass mein älterer Bruder einmal ein buntes Betttuch bekam zu einer Zeit, als dies noch etwas ganz Besonderes war. Ich spüre Schmerz, habe den Eindruck, zu kurz gekommen zu sein.

Noch andere Ereignisse fallen mir ein. Es ist fast lächerlich. Und doch nehme ich mir vor, dies mit meinen Eltern zu besprechen. Es ist mir wichtig zu wissen, warum sie damals so handelten. Es kommt zu diesem Gespräch. Da ich ein gutes Verhältnis zu meinen Eltern habe, meine ich nicht, dass es problematisch sein könnte, darüber zu reden. Aber sie reagieren betroffen. Es tut ihnen leid. Plötzlich ist unsere Freude getrübt.

Es ist nicht immer gut, alles aufklären zu wollen. Warum müssen solche Kleinigkeiten geklärt werden? Ist es nicht viel wichtiger, dass wir einander noch haben, einander lieben?

Altes muss Vergangenheit bleiben können. Nicht alles ist zu klären. Manches schafft nur neue Verwirrung und neue Verletzung.

Es muss ein Heute und ein Jetzt geben.

Ich denke jedoch, dass das Aufarbeiten trotzdem wichtig ist, damit Vergangenes bewältigt werden kann. Beim Aufarbeiten stelle ich fest, dass nicht nur mir manches »angetan« wurde, sondern dass ich so manchem Menschen Not bereitet habe.

Es war im Rahmen eines Seminars, an dem mein Bruder und seine Familie ebenfalls teilnahmen. Während des Gottesdienstes merkte ich, dass in mir immer noch etwas Bitterkeit über meinen Bruder war, den ich in der Kindheit oft als mir überlegen erlebt hatte. Er war damals stärker als ich und ließ es mich fühlen.

Ich merkte, dass ich diese Störung von damals nicht mehr in mir herrschen lassen wollte. So ging ich nach dem Gottesdienst auf ihn zu und berichtete es ihm. »So hast du mich erlebt!« sagte er nachdenklich. »Soll ich dir sagen, wie es mir damals erging? Ich fühlte mich oft durch deine Zunge verletzt. Wie ein Schwert erschien sie mir manchmal«.

Ich kann mich überhaupt nicht mehr daran erinnern, was ich damals gesagt haben soll!

Es ist eigenartig, dass wir selbst die Dinge oft ganz anders erleben als Menschen an unserer Seite oder Betroffene.

Wir brauchen die gegenseitige Vergebung.

Kinder nicht vergleichen

»Haben Sie ein schwarzes Schaf unter Ihren Kindern?«, werde ich öfter gefragt. Lachend erwidere ich: »Ja, immer. Aber es ist nicht immer dasselbe. Die Schafe wechseln oft ihre Farbe«.

Der Vergleich mit anderen Kindern kann mich daran hindern, ein Kind richtig anzunehmen. Gestern lag ich für einen Moment auf der Couch, um mich auszuruhen. Das ist ein ganz neues Phänomen nach dem Mittagessen, wo es mich mit Gewalt in diese Lage zwingt. Auch an dieser Stelle wird meine Kindheit lebendig. Damals legte meine Mutter oft die Arme auf dem Tisch zusammen und schlief ein. Ich konnte das nicht verstehen, wie man mitten am Tag am Küchentisch einschlafen konnte. – Heute weiß ich sehr gut, was meine Mutter damals fühlte.

Ich streckte mich aus und kuschelte mich wohlig unter die Decke. Mein Blick ging an der Wand entlang, an der die Fotos unserer Kinder hängen. Mein Blick blieb an einem Bild mit einem Kind hängen, das uns viel Schmerzen bereitet, obwohl es schon lange nicht mehr zu Hause lebt. Die Tränen kamen mir hoch, und ich begann zu weinen.

Eines unserer Kinder musste dies wohl gehört haben. »Ist alles o. k.?«, fragte es liebevoll. Und während es dies sagte, kam in mir eine große Bitterkeit hoch. Ich musste mich beherrschen, um nicht zu sagen: »Geh weg!« Was war nur los mit mir? Ich schämte mich.

Während ich darüber nachdachte, fiel mir ein, was meine Seele beschäftigte. Das Kind, das hereingekommen war, hatte große Ähnlichkeit mit dem schon erwachsenen Kind. In mir war die Angst, dass sich alles wiederholen würde. Zuerst Nähe, Liebe, Zärtlichkeit, danach Abgrenzung, Verletzungen, Traurigkeit.

»Mich nicht nochmals öffnen, um nicht wieder verletzt zu werden«, dachte ich, »das ist es, wovor ich Angst habe.«

Wie ungerecht mein Denken ist! Wie viele Festlegungen, Vorausahnungen, Vergleiche gibt es, die mich unfrei machen, einem Menschen zu begegnen, ihn anzunehmen in seinem Sein.

Je älter ich werde, umso mehr muss ich darauf achten, dass ich nicht meine, schon alles zu wissen. Ich will mich weiter öffnen, auch wenn ich dabei verletzt werde. Solange ich mich öffne, bleibe ich lebendig und veränderbar.

»Gott, gib mir das rechte Maß, mich zu öffnen, und das rechte Maß, mich selbst ernst zu nehmen«, bete ich.

Immer, wenn ich vergleiche, fehle ich. Denn jedes Kind, jeder Mensch ist von Gott unvergleichbar als Original erschaffen.

Für unsere Kinder beten

Ein Verwandter von uns hatte von einem seiner Kinder eine Uhr geschenkt bekommen. Aber er hatte nicht so große Freude daran. In der Uhr war ein Signalton eingespeichert, der ihn jeden Morgen eine Stunde zu früh weckte. Trotz aller Mühe war dieses Zeichen nicht zu löschen. Da kam ihm eine Idee. Vielleicht wollte Gott ihn wecken, um gerade für dieses Kind, das ihm die Uhr geschenkt hatte, zu beten?

Dieses Kind machte ihnen zu der Zeit gerade viele Probleme.

Jedes Mal, wenn er nun am Morgen unfreiwillig geweckt wurde, begann er, sein Kind zu segnen und es unter Gottes Fürsorge zu stellen. Schon nach kurzer Zeit veränderte sich das Kind in Vielem zum Positiven.

Auch wir haben immer wieder ein Kind, das uns Sorge bereitet. Gott hat mich erinnert, für unsere Kinder im Sinne von Mt 18,18 zu beten: »Was ihr auf Erden löst, soll auch im Himmel gelöst werden.«

Gott gibt uns den Auftrag, freizusetzen. Und wir dürfen diese Möglichkeit nützen, weil er unser Vater ist.

Nicht immer geht es so schnell wie beim Kind meines Verwandten. Aber immer hört Gott. Und er setzt auch den Punkt, an dem er erhört.

Abends sitze ich an den Betten der Kinder. Mit den Kleinen singe und bete ich, die Größeren wollen nur noch Gebet, weil sie schon groß sind, und die ganz Großen wünschen manchmal weder das eine noch das andere. Da muss ich Gott um Weisheit bitten, dass ich sie nicht in mein eigenes Schema presse. Gott hat nur Freiwillige in seinem Reich. Und er hat keine Enkelkinder. Sie müssen alle selbst kommen. Meine Aufgabe ist es zu säen. Das andere muss Gott tun. Und unsere Kinder müssen damit einverstanden sein.

Ich darf dabei nicht drängen. Meine Liebe zu ihnen darf ich nicht von ihrer Bereitschaft zum Gebet abhängig machen. Aber ich darf für sie beten. Wenn sie schlafen, stehe ich manchmal an ihrem Bett und lege den Segen Gottes auf sie. Möge er, der sie mir geschenkt hat, sie zu seinen Kindern machen.

Von Generation zu Generation

Aus meinem Tagebuch:

Meine Mutter hat mich angerufen: »Kind, ich habe solches Heimweh nach dir«, ließ sie mich wissen. Ich musste lachen. »Mutti«, erwiderte ich, »wir haben uns doch erst gesehen«.

Inzwischen ist eine unserer Töchter in Amerika verheiratet, und manchmal plagt mich das Heimweh. Wenn ich ihr das am Telefon sage, lacht sie: »Aber Mutti, es geht mir gut. Ich komme wahrscheinlich schon nächstes Jahr wieder. Sorg' dich nur nicht.«

Mit einem Mal begreife ich meine Mutter. Vieles, was einem so nahe war, rückt weit in die Ferne. Jeder lebt sein eigenes Leben. Kinder gehen von uns, wie sie gekommen sind. Es geht ungemein schnell. Noch gestern hatte ich sie im Arm wie einen Besitz, und morgen gehören sie einem anderen.

Was ist uns sicher auf dieser Welt? Was gehört uns letztlich? Was bleibt uns? Unsere Kinder sind uns nur für eine gewisse Lebenszeit anvertraut. Sie gehören uns nicht. Deshalb dürfen sie nicht der Mittelpunkt der ehelichen Partnerschaft sein. »Kinder sind wie Gäste«, sagte eine afrikanische Mitarbeiterin. »Sie kommen eines Tages, und eines Tages werden sie wieder gehen.« Damit hat sie recht.

Ich denke auch an einen Ausspruch von Martin Luther. Darin sagt er, dass wir nichts mit in den Himmel nehmen werden. Aber dass wir hoffen, unsere Kinder mit dorthin zu ziehen.

Wie sehr ist dies auch mein Wunsch!

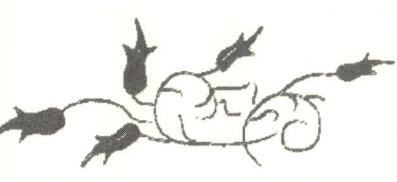

KAPITEL 4

Erlebnisse von anderen
Frauen über 40

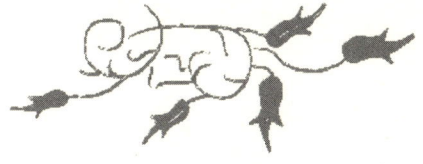

Früher wachte ich, weil mein Mann schnarchte – heute bin ich wach, weil er nicht mehr schnarcht

(Brief einer Witwe)

»Liebe Frau Heil, viele Jahre war ich mit meinem Mann verheiratet.

Im Laufe der Jahre kannte jeder die Schwachpunkte des anderen. Und wir kamen damit zurecht. Nur an einem Punkt war ich oft wütend auf meinen Mann. Er schnarchte nachts – mit Hingabe.

Natürlich konnte ich ihm nicht unterstellen, dass er das vorsätzlich tat. Aber meine Reaktion darauf war nicht sonderlich liebevoll. Hatte er mir nicht meine Nachtruhe geraubt? Und wenn ich endlich, nach langer Einschlafphase, gerade hinübergedämmert war, fing er wieder mit seinem Schnarchkonzert an. Viele Stunden lag ich auf diese Weise wach und ärgerte mich.

Inzwischen ist mein Mann gestorben. Ich fühle mich manchmal grenzenlos einsam. In der Nacht komme ich mir allein vor. Denken Sie, Frau Heil, jetzt liege ich wieder wach! Und genau aus dem anderen Grund: Weil ich das Schnarchen des geliebten Menschen vermisse!«

Wie schnell kann sich unser Leben verändern! Was uns heute noch stört, kann sich über Nacht ganz anders darstellen.

Was bietet uns Sicherheit? Nichts, aber auch gar nichts bleibt uns letztlich. Alles ist Geschenk. »Alles für unser Leben wirklich Wichtige bekommen wir geschenkt«, hörte ich jemanden sagen. Während ich darüber nachdenke, gewinnt dieses Wort immer neue Bedeutung für mich.

Ich bekomme als Säugling Eltern, lange bevor ich darüber nachdenken kann. Auch die Gesundheit ist letztlich Geschenk. Dass ich leben darf, ist ein Geschenk. Und dass Gott mir Augen zum Sehen, Ohren zum Hören, einen Mund zum Sprechen gab, auch dies ist Geschenk, und ebenso Freunde zu haben und

Freude zu empfinden. Dass Gott uns durch Jesus alle Schuld vergeben will, selbst das kann ich weder verdienen noch erwerben. Es bleibt Geschenk. Und ebenso ist es mit dem Leben nach diesem Leben.

Viel zu leichtsinnig und selbstverständlich gehen wir mit diesen Gaben um. Wir denken nicht einmal darüber nach, bis wir in der Gefahr stehen, sie zu verlieren.

Als ich vor einiger Zeit beim Ohrenarzt war, stellte dieser fest, dass ich an beginnender Schwerhörigkeit leide. Welch eigenartige Gefühle wurden in mir beim Hören seiner Worte geweckt. Altersbedingte Schwerhörigkeit. Altersbedingt. So alt war ich auch wieder nicht!

Das war lachhaft! Und doch war es wieder wie eine leise Erinnerung: Nichts bleibt, alles ist vergänglich, sogar ich selbst. Und was ich habe, ist Geschenk.

Auf dem Heimweg pries ich den Vater im Himmel dafür, dass er mir die Gabe des Hörens verliehen hatte.

Die Versuchung vor der Tür

(Gedanken aus einem Telefonat mit einer verheirateten Frau)

Nicole ist seit einigen Jahren verheiratet. Sie hat drei Kinder. Im Lauf der Jahre war ihre Ehe in die Alltagsroutine übergegangen. Ihr Mann, ein offensichtlich nicht gerade spontaner Mensch, fing an, sie zu langweilen. Und genau in dieser Zeit begegnete ihr der Mann »ihres Herzens«: geistreich, gesprächig, liebevoll, einfühlsam ...

Endlich traf sie einen Mann, der sie verstand!

Sie rief mich an. »Ich habe ein Recht darauf, endlich mit einem Mann zu leben, der mich liebt«, sagte sie aufbegehrend.

Aber ich war nicht ihrer Meinung. »All dies wird bei dem neuen Mann sehr schnell vergehen, wenn auch ihn der Alltag einholt. Wecken Sie in Ihrem Mann die Gaben, die in ihm schlummern. Sagen Sie ihm, was Sie brauchen! Teilen Sie ihm mit, dass Sie innerlich voll Hunger nach seiner Zuwendung sind und sonst in Versuchung kommen, es woanders zu suchen.«

Sie wollte es sich überlegen. Und sie blieb.

»Danke für den vielleicht wichtigsten Rat, den ich in diesem Jahr bekommen habe«, ließ sie mich später in einem Brief wissen.

Mein größter Wunsch war es, Mutter zu sein.

(Brief einer Ledigen)

Katharina ist eine attraktive Frau von 47 Jahren. Niemand würde sie so alt schätzen. Und keiner will glauben, dass sie nicht verheiratet ist, und es auch nie war. Sie sagt von sich selbst: »Ich freue mich über eine gute Beziehung zu Männern und könnte diese nicht aus meinem Leben wegdenken. Männer sehen die Dinge aus einer anderen Perspektive, und ich brauche ihre Meinung und Ergänzung«.

Katharina sieht ihr Leben einfach als Reichtum, obwohl sie viel Schweres durchgemacht hat. »Es ist Gott und sein Sohn Jesus – sie sind reiches Leben«, sagt sie.

Katharinas größter Wunsch war es, Mutter zu sein. Sie schreibt in einem Brief: »Vor etwa 3 Jahren habe ich von dem Wunsch, Mutter zu sein, Abschied genommen. Über zwanzig Jahre habe ich auf ein Kind gehofft, zwanzig Jahre lang getrauert.

Mein größtes Glück war es, dass ich einen pädagogischen Beruf ausübte und so immer mit Kindern zusammenlebte. Wenn sie vor mir in der Klasse saßen, an einer Aufgabe arbeitend, fragte ich mich: Welches würde ich mir aussuchen? Martin oder Nicole…Dann dachte ich mir: Ich würde am liebsten alle nehmen…

In einer Freundschaft öffnete ich mich einem sehr einfühlsamen Mann. Aber ich löste diese Beziehung wieder aus Gehorsam gegenüber Gott. Ich trauerte viele Jahre darüber, ohne dass ich dazwischen nicht wieder lachen und fröhlich sein konnte.

Ich fühlte mich mit 20, mit 35, und jetzt mit 47 Jahren jung. Menschen, die mich nicht kennen, nehmen mir mein Alter kaum ab.

Ich selbst finde aber das jugendliche Aussehen viel weniger wichtig als die Ausstrahlung eines Menschen und die Einzigartigkeit, die sogar seine Falten verraten.

Runzeln und Falten haben ihre Geschichte: Die Lachfältchen um die Augen zeigen Heiterkeit. Wer mehr auf der rechten Gesichtshälfte schläft als auf der linken, hat dort mehr Spuren in Form von Falten.

Mich faszinieren Augen von Menschen jedes Alters, die Licht, Liebe und Anteilnahme am Leben versprühen.

Jede Hand hat Geschichte. Ich frage mich, welches Leben eine alte Hand mit ihren Falten geprägt hat, und denke darüber nach. Und selbst bei einem verkrüppelten Menschen suche ich seine Schönheit.

Jeder Mensch ist anders. Und deshalb muss jeder für sich den Weg finden, wie er sein Älterwerden bewältigt, wie er damit umgeht auch mit den physischen Zeichen des Alterns.

Schon als Kind hatte ich mir vorgenommen, nie mit grauen Haaren herumzulaufen. Ich wusste damals sogar schon, welchen Haarschnitt ich wählen wollte. Aber darin ist jeder Mensch ein Original. Wem graue Haare stehen und wer sich so geben will, der soll danach handeln. Alle Grenzen, die andere uns aufdrücken wollen, gerade, was solche Äußerlichkeiten angeht, sind Unfreiheiten, die nicht sein müssen.

Für mich gibt es drei gute Rezepte zum Schönsein:
1. Umgang mit Kindern
2. Spaziergänge an der frischen Luft
3. der ständige Umgang mit Gott

Eines ist für mich sicher: Jesus Christus ist das beste Schönheitsmittel.

Viele Frauen erleben »Trauer« in den Jahren der hormonalen Umstellung. Manche erfahren dadurch Beeinträchtigungen und gesundheitliche Probleme. Ich selbst bin noch nicht in diesem psychischen Umbruch. Aber ich leide seit Jahren an einer hormonellen Fehlsteuerung und erlebte dieselben Symptome wie Frauen in den Wechseljahren. Bei mir sind sie hauptsächlich körperlicher Natur: Schlaflosigkeit, Übelkeit, Kopfschmerzen, Erschöpfung.

Aber der treue Gott hat mich bis hierher getragen. Trotz all der vielen Beschwerden hat er mich gut erhalten. Menschen, die mich nicht kennen, erahnen nichts von meinen Beschwerden. Ich preise meinen Gott von ganzem Herzen.

Mein Leben ist nicht zu Ende! Nein, jeder Tag ist ein neues Geschenk, auch ohne Kinder. Das Leben beginnt jeden Tag neu, weil Gottes Barmherzigkeit jeden Tag neu ist.

Gebet: Mein lieber Vater im Himmel, dir allein gehört alle Ehre und Ruhm und mein Leben. In deinen Augen bin ich sehr schön, weil du mich liebst.«

An Katharina sehe ich erfülltes Leben in Gott, trotz vieler unerfüllter Wünsche.

Die Unausweichlichkeit des Todes nicht verdrängen

(Aus dem Brief einer Ordensfrau)

Mit einer lieben Ordensschwester bin ich in Briefkontakt. Ich bat sie, mir ein paar Gedanken weiterzugeben, die ihr über das Älterwerden kommen.

Sie beginnt ihren Brief mit einem Vers von R. M. Rilke: »Ich lebe mein Leben in wachsenden Ringen, die sich über die Dinge ziehn. Ich werde den letzten vielleicht nicht vollbringen, aber versuchen will ich ihn.«

Graue Haare: Ein Silberstreif am Horizont, der das Ende der Nacht ankündet...

Ach, Herr, der Sommer war lang..., so schwer und heiß. Müde sehne ich mich nach der Kühle des Herbsts. Grau und

fahl sind meine Haare geworden, und dünn wie die Spinn-
weben an nebligen Herbsttagen, wenn sie über verblichenen
Sträuchern hängen ...

Traurig? o nein! Ich liebte ein Leben lang die Stille des
Herbstes, wenn die Nebel so emsig brauen, dass sie den ganzen
Tag lang die Sonne verhüllen ...

Dann kann das tiefe Geheimnis in meinem Innern lauter
zu mir sprechen, noch flüsternd zwar, doch so, dass ich die
sanften Worte verstehe.

Älterwerden: Wenn die Wehwehchen spürbar werden, die
unleugbar mit dem Älterwerden zusammenhängen, denke ich
an meine alte Mutter, die so sehr unter Arthroseschmerzen
gelitten hat. Aber ich hatte damals so viel zu tun, dass ich
sie nur selten »auf den Armen trug«. Das sind Schmerzen der
Seele, die laut werden und mir die mangelnde Liebe vor Augen
halten. »Liebesschulden nehmen wir immer mit ins Grab«, fand
ich in Aufzeichnungen meiner Mutter.

Es wird gar viel geschrieben und geredet über das Älterwerden: »Aktiv leben im Alter«, oder »Zeithaben und genießen«
u.ä. Man sollte m.E. den Ernst der letzten Chance für die Ewigkeit nicht verspielen. Noch ist es Tag, der Mensch kann noch
wirken. Bald kommt die Nacht, wo alle Wirksamkeit vorbei
ist. Wirksamkeit nicht im Sinne von Vitalität vortäuschenden
Aktivitäten, Reisen etc. Es ist noch viel Liebe nachzuholen,
die in der Geschäftigkeit des aktiven Lebens oft gar zu kurz
gekommen ist.

Die Unausweichlichkeit des Todes nicht verdrängen, sich
mit ihm auseinandersetzen in Ehrlichkeit, wütend, weinend,
verzweifelt, schreiend, hadernd, bis der dunkle Todesengel sich
in unserem Herzen zum Lichtengel wandeln kann. Diese Arbeit
bleibt niemandem erspart, wenn er in Würde diesem unerbitt-
lichen Los gegenübertreten will und nicht wie das Tier gedankenlos verbleichen will.

In der europäischen Literatur findet sich ein unendlich rei-
cher Schatz an tiefen Gedanken zu Tod und Leben. Wir heben
diese Schätze viel zu wenig. Tolstoi, Dostojewski – um nur

zwei der Großen zu nennen – sollten wieder viel mehr befragt werden. Erst kürzlich empfahl ich einem jungen Priester, sich mehr mit Dostojewski als mit Psychologie zu beschäftigen. Er findet bei ihm unendlich mehr.

Ein Leben lang war ich in der Zauberwelt der Lyrik daheim. Mein Vater hat uns diese Welt eröffnet. Was mit gewöhnlichen Worten der Alltagssprache nicht zu sagen ist, kann uns Lyrik oder Musik vermitteln. Warum finden nur wenige Menschen Zugang?

Unterm Schnee

Unterm Schnee flammen die Worte auf,
die verschollenen Sätze:
Mohn, der in Blüte steht,
Birken, das Korn unterm Julimond,
Gedanken, Bilder, längst
mit dem Frühtau verweht.
Unterm Schnee flammen die Worte auf,
die verschollenen Sätze.
(Karl Seemann)

Kurze, prägnante Gedanken zu dieser Lebensphase heißen für diese Ordensschwester:

Gute Bücher lesen…

Sich weder in die Arbeit stürzen noch oberflächliche Ablenkung suchen…

Seelenpflege und Hingabe üben!

Mit 29 am Ende – mit 44 am Anfang

(Brief einer geschiedenen Frau)

Als ich 29 Jahre alt war, fühlte ich mich sehr alt.

Mein Mann wollte sich damals wegen einer anderen Frau von mir trennen. Ich selbst war heimlich in einen anderen Mann verliebt. Doch er war für mich unerreichbar, weil er verheiratet war. Und es gab noch meinen Vater, an dem ich hing. Er war damals an Krebs erkrankt.

An diesen drei Männern lag mir etwas, an ihnen hing mein Herz. Sie waren mir wichtig. Und alle drei waren auf dem Weg, mich zu verlassen.

In mir wuchs die furchtbare Erkenntnis, dass ich schon 29 Jahre alt war und eigentlich nichts von dem hatte, was ich mir immer gewünscht hatte: einen liebenden Mann, Kinder, ein trautes Heim...

Was ich hatte, war eine gute Arbeitsstelle. Ich verdiente gut, hatte einiges auf dem Bankkonto, ein eigenes Auto – und würde in Kürze ein Haus besitzen, da ich die einzige Tochter war. Auch eine Menge Bekannte und einige Freunde besaß ich, denn ich konnte andere gut unterhalten.

Ich war auch praktisch begabt, konnte tapezieren, betonieren und kalte Buffets herrichten. Ich sonnte mich im Gebraucht-Werden durch die anderen.

Aber nun würde ich drei Menschen gleichzeitig verlieren, an denen mir am meisten im Leben lag. Und mit ihnen ging die Familie meines Mannes, die ich mochte. Ebenso verflüchtigte sich das Wiedersehen mit dem Mann, den ich heimlich liebte, denn er war ein Bekannter meines Mannes. Und meinem Vater sah man an, dass es nicht mehr lange dauerte, bis er sterben würde.

Nichts hatte ich mit meinen 29 Jahren erreicht, was mir wertvoll schien. Ich hatte keine Kraft und keine Zukunftsperspektive mehr. So muss es sein, wenn man alt ist, dachte ich. Deshalb beschloss ich, meinem Leben ein Ende zu setzen.

In jeder Apotheke der Stadt kaufte ich mir Tabletten, die ich rezeptfrei erwerben konnte. Ich wusste wohl nicht, welches Medikament am wirksamsten war, aber ich zählte auf die große Menge. Als ich schließlich alle Tabletten vor mir auf dem Tisch ausgebreitet hatte, holte ich mir ein großes Glas Wasser.

Doch ich war unfähig, die Tabletten einzunehmen. Heute weiß ich, dass Gott es war, der mich bremste. Ich sammelte die Tabletten in eine Plastiktüte ein und trug sie zum Container.

Sehr bald wurde mir bewusst, dass nicht die 29 Jahre mich alt machten, sondern die Ablehnung durch Menschen gab mir das Gefühl des Altseins. Doch diese Erkenntnis allein half mir nicht.

Mit jetzt 44 Jahren habe ich meinen Platz gefunden. Nie fühlte ich mich so jung, trotz all dem Schweren in meinem Leben, das inzwischen dazugekommen ist.

Ich muss nicht mehr für andere den Unterhalter spielen.

Ich fühle mich nicht mehr gezwungen, mich für andere schick zu machen.

Ich kann auch »Nein« sagen, ohne dabei ein schlechtes Gewissen zu haben.

— Ich muss nicht dauernd Diät machen, nur damit andere mich attraktiv finden.
— Ich muss nicht mehr dauernd andere davon überzeugen, wie recht ich habe.
— Ich muss mich nicht mehr ständig bedauern, dafür, wie schlecht es mir geht.

Jetzt mache ich mich schick, wenn es für mich wichtig ist. Ich bin immer noch zu dick, und trotzdem fühle ich mich attraktiv. Vieles von dem, was andere sagen, kann ich heute stehen lassen, obwohl ich anders darüber denke. Ich habe gelernt zuzuhören und merke jetzt erst, wie viel Leid es in unmittelbarer Nähe gibt.

Endlich kann ich einen anderen loben, ohne mir dabei etwas zu vergeben, weil es nicht ganz vollkommen war. Und ich kann meine Meinung äußern, ohne dabei verletzen zu wollen. Ich habe gelernt, meinen jetzigen Partner besser anzunehmen.

Ich merke, dass ich noch Jahre brauche, um alles richtig einzuüben. Manches fällt mir schwer umzusetzen, auch wenn ich es erkannt habe.

Für jedes Jahr meines Älterwerdens danke ich Gott. Denn ich fühlte mich nie wieder so alt wie zu jener Zeit mit 29 Jahren. Ich danke Gott für diese schwere Krise damals und für den steinigen Weg danach. Ich habe dabei beten gelernt. Heute fühle ich mich jung in Gott, weil er gesagt hat, dass er mich nie verlassen wird.

Für mich heißt alt sein, allein sein – und jung sein, einen zuverlässigen Freund an meiner Seite haben.

Es gibt Tage, an denen ich mich kraftlos fühle. Aber Er ist immer da und gibt mir, was ich brauche.

Christa

Zeit, die wir mit Gott verbringen, läuft nicht mehr weg

(Gedanken einer Ehefrau und Mutter von vier Söhnen)

Vor einigen Jahren lernte ich Renate kennen. Sie ist verheiratet, hat vier große Söhne. Wir begegnen uns hin und wieder auf Vorträgen und bei Fortbildungen bei uns, da sie mit ihrem Mann in der Eheberatung tätig ist.

Sie staunte, als ich sie darum bat, einige Gedanken zum Älterwerden aufzuschreiben. Immerhin ist sie erst vierzig und fühlt sich gerade topfit.

Aber dann entstanden die nachfolgenden Gedanken.

»November, Totensonntag.

Während ich die Rollläden hochziehe, sehe ich aus dem Fenster. Raureif! Letzte Blätter hängen in den fast kahlen Bäumen. Vergänglichkeit! Mich fröstelt. Verse von Manfred Siebald gehen mir durch den Kopf:

›Wie ein klarer Wintermorgen ist dein Leben dann und wann.
Was sonst Nebel dir verborgen haben; alles siehst du dann.
Siehst, woher du kommst, und siehst, wohin du einmal gehen wirst.
Wie an einem Wintermorgen stehst du da und frierst.
Und – an dem Wintermorgen Gottes muss die Täuschung flieh'n.‹

Bilanz ziehen. Rückschau halten. Mich fragen: Wo stehe ich?

Dieses Jahr wurde ich vierzig. Wenn ich das biblische Alter von achtzig erreichen werde, ist der Zenit erreicht.

Nach kurzem Gipfelglück heißt es wieder absteigen. Von anderen weiß ich das. Absteigen geht schneller als Aufsteigen. Meine Mutter wurde in diesem Jahr achtzig, meine Schwester fünfzig, und mein ältester Sohn zwanzig Jahre alt.

Der Psalmbeter sagt: ›Unser Leben fährt schnell dahin, als flögen wir davon‹ (Ps 90,10).

An anderer Stelle: ›Lehre uns bedenken, dass wir sterben müssen, auf dass wir klug werden.‹

Nur Novemberstimmung? Nein, der Tod ist mir in diesen Tagen persönlich begegnet. Ich fühlte seine Kälte, als mein Vater diese Woche starb. Gestern Abend berührte ich zum letzten Mal seine kalte Stirn. Letzter Sonntag im Kirchenjahr – letzte Blätter an den Bäumen – letzte Berührung.

Als unser jüngstes Kind im Werden war, schrieb ich voller Glück diese Ereignisse tagebuchähnlich nieder: Erste Bewegung im Mutterleib, später: erstes Lächeln, erstes Wort…

So verläuft unser Leben, mit vielen ›ersten Malen‹, und schließlich mit vielen ›letzten Malen‹.

Noch fühle ich mich mit meinem Lebensbaum im Hochsommer. Der Stamm ist kräftiger, das Blattwerk üppiger geworden. Wie viele Frühlingsstürme gingen damals über das zarte Bäumchen, drohten es zu entwurzeln. Zum Überleben musste es seine Wurzeln tief in den Wurzelgrund Gottes gründen. Stürme können zwar noch an der Baumkrone rütteln, aber nicht den Stamm ausreißen. Doch die Jahresringe im Stamm zeigen Einschnitte, Verletzungen, die heilen mussten.

Es gab auch magere Jahre, in denen kaum Wachstum möglich war.

Der wohl gravierendste Einschnitt war der Tod unserer einzigen Tochter. Das momentan empfundene Gipfelglück hatte den Preis des mühseligen Aufsteigens.

Trotzdem erahne ich den Herbst. Unser ältester Sohn wird in zwei Monaten ausziehen. Die Zeit dafür ist reif. Das letzte Jahr war für uns alle schwierig. Der Pflanzkübel wurde zu eng. Zum Überleben brauchen die Pflanzen Trennung und ihren eigenen Raum.

Am 20. Geburtstag lernte ich die Freundin meines Sohnes kennen. Auch der Zweitälteste erzählte mir von einem ›Supermädchen‹ in seinem Leben. Andere Frauen nehmen mehr und mehr den ersten Platz im Herzen meiner Söhne ein. Es heißt wieder: Loslassen.

Wieder muss ich Neues lernen, mit noch nie gekannten Gefühlen umgehen, wieder sortieren lernen.

Mit mehreren Teenies rauscht es ordentlich in meiner Baumkrone. Bald werden die Früchte abfallen und die Krone gelichtet werden.

Wie die Jahreszeiten einander fast unmerklich abwechseln, geschieht das Älterwerden eher unbewusst. Als mich Ruth Heil bat, aus meiner Sicht etwas über das Älterwerden zu schreiben, war ich innerlich ein wenig empört darüber.

Vierzig ist doch wirklich zu jung, um über das Älterwerden nachzudenken, dachte ich. Eigentlich fühle ich mich echt wohl in meiner Haut. Ich treibe etwas Sport. Mein Mann hat sich ein Motorrad gekauft, und seitdem sind wir zu Ausflügen damit unterwegs, mit Lederbekleidung und Sturzhelm.

Wie ich schon erwähnte, ist mein Vater inzwischen gestorben. Jetzt gehöre ich zur Generation, die nachrückt. Nachrücken…

Warum ist vierzig für mich plötzlich noch jung? Früher war es für mich das beginnende Greisenalter. Warum gebrauche ich plötzlich das Adjektiv ›jung‹, wenn ich von Frauen meines Alters spreche? Früher haben wir über Leute, die plötzlich ›auf jung‹ machten, mitleidig gelächelt. Warum legen diese ›Oldies‹ so großen Wert auf jugendliches Outfit, fahren 50-jährige Männer wieder Motorrad, treiben Frauen wieder Sport? Genau diese Dinge tun wir jetzt auch. Das gibt zu denken.

Marktwirtschaftlich gehören wir zu der interessanten Gruppe, die das meiste Geld hat. Das Haus ist meist abbezahlt, die Frau wieder in den Beruf eingestiegen. Man besitzt ein finanzielles Polster und kann sich so manchen Herzenswunsch erfüllen.

Aber nicht nur auf dem Konto entsteht ein Polster, wenn wir in die Jahre kommen. Konnte ich früher kräftig essen, ohne größere Figurprobleme, scheint sich jetzt mein Stoffwechsel wesentlich verlangsamt zu haben. Um mein Gewicht zu halten, darf ich nur noch die Hälfte essen. Heute brauche ich Wochen eiserner Disziplin, um ein paar Kilo loszuwerden.

Wenn ich mit Teenagern spreche und deren Sprache gebrauche, ernte ich nur ein müdes Lächeln.

Mir Zeit nehmen zum Ordnen in allen Gebieten meines Lebens, das ist mir wichtig. Dazu gehören auch Schränke und Schubladen, in denen sich mancher Ballast ansammelt, den wir nicht brauchen und der uns unfrei macht. Aufräumen heißt: Raum schaffen für Neues, sich trennen von Dingen, die belasten. Loslassen und reduzieren.

Nicht nur wir selbst, unser Glaube kommt ebenfalls in die Jahre. Unser geistliches Leben ist oft nur noch Formsache. Die Liebe zu Jesus ist nur noch im Kopf, und nicht mehr im Herzen. Gerade junge Menschen haben für die Echtheit ein Gespür.

Wir viel beschäftigten Menschen in der Lebensmitte sollten uns Zeit nehmen, um bei Gott wieder Orientierung zu gewinnen, sonst verlieren wir uns im Vielerlei.

Ich lege immer wieder einen Nachmittag ein, an dem ich mir Zeit nehme, um über mein Leben und über Gott nachzudenken.

Schon seit einigen Jahren empfinde ich das Davoneilen der Zeit besonders stark. Kaum ist der Frühling angebrochen mit der Vielfalt der Blumen, naht der Sommer. Und schon sind auch die Blätter wieder am Abfallen. Es schmerzt mich, wie wenig bewusst ich die Vielfalt genießen kann. Dies empfinde ich nicht nur bei den Jahreszeiten, sondern auch besonders stark bei der Entwicklung unseres jüngsten Kindes. Habe ich diese Stufen bewusst erlebt, oder war ich zu beschäftigt? Vieles zerrinnt unter meinen Händen. Nichts ist festzuhalten.

Um ein wenig bewusster zu leben, schreibe ich Tagebuch. Auf diese Weise merke ich noch deutlicher, wie alles davoneilt.

Ich erzählte meine Wehmut und meine Ängste über dieses schnelle Davoneilen des Lebens meiner 55-jährigen Freundin, mit der ich mich einmal wöchentlich zum Beten treffe. Sie tröstete mich mit den Worten: ›Du brauchst nicht unter der Vergänglichkeit zu leiden. Weil wir mit Gott leben, haben wir jetzt schon Ewigkeit.‹

Walter Trobisch schrieb zu dem Psalmwort: ›Meine Zeit steht in deinen Händen‹…: ›Ist dies nicht paradox? Zeit kann doch nicht stehen, sondern läuft unentwegt ab. Aber Zeit, die wir mit Gott verbringen, läuft nicht mehr weg, sie bleibt, ist schon Ewigkeit. Weil wir Ewigkeit haben, haben wir Zeit.‹

Ewigkeit ist zwar eine Dimension, die wir in unserer Begrenztheit noch nicht denken können, aber im Glauben dürfen wir diesen Raum bei Gott immer wieder betreten.

Wenn wir mit dem Herzen sehen lernen, ist es wie ein Blick bei den 3D-Bildern in die versteckte Dimension.

Bei meines Vaters Beerdigung schenkte Gott mir einen solchen Einblick hinter den Horizont. Vaters Körper wurde in die Erde versenkt, doch ich sah ihn schon drüben in Gottes neuer Welt. Das ganze Geschehen um den Tod meines Vaters rückte mir vieles zurecht. Was wiegt mein Leben im Angesicht der Ewigkeit. Was bleibt?

Vieles wird klein und unbedeutend, auch woran wir leiden.

Wir müssen rechtzeitig das Loslassen üben. Jesus sagt: ›Wer sein Leben behalten will, der wird es verlieren, und wer sein Leben verliert um meinetwillen, der wird's finden‹ (Mt 10,39).

Wir sollen das loslassen, was uns daran hindert, Jesus zu begegnen. Und an ihm festhalten, egal was passiert.

Ich kann auf dieser Erde nichts festhalten, weder Kinder noch meine Lebenskraft, auch nicht meinen eigenen Körper. Doch wenn ich zu Gott gehöre, bereitet er mir einen neuen Leib in seiner Herrlichkeit, der nicht mehr für Krankheit und Leid anfällig ist.

Die Sonne scheint inzwischen hell und rückt diesen Wintertag in ein ganz anderes Licht. Aus meinem Totensonntag ist Ewigkeitssonntag geworden.«

Renate

Am meisten habe ich durch meine eigenen Fehler gelernt

(Gespräch mit Elisabeth Mittelstädt)

Elisabeth gibt die Zeitschrift »LYDIA« heraus. Mit 202 000 Exemplaren erscheint sie vierteljährlich, in Deutsch, Rumänisch und Ungarisch. Mit ihr sprach ich neulich über das Älterwerden. »Was findest du gut, was schlecht, wenn du über das Älterwerden nachdenkst?« wollte ich von ihr wissen.

»Nun«, meinte sie, »die Erfahrungen, die ich in all den zurückliegenden Lebensjahren gemacht habe, sind unbezahlbar. Ich möchte sie nicht missen. Am meisten habe ich durch meine eigenen Fehler gelernt und die möchte ich nicht mehr wiederholen.«

Trotz weniger Kraft kann ich mit Vielem heute gezielter und effektiver umgehen als früher. Sei es der Hausputz, das Kochen und Einkaufen. Ich habe zwar weniger Kraft, dafür aber mehr Erfahrung, was ich reduzieren kann, kann besser planen und dabei Zeit einsparen.

Mit weniger Zeit und Kraft komme ich manchmal weiter als früher, weil ich Fehler vermeiden kann und mehr Weisheit habe. Es tut mir leid, dass manches, was ich versäumte, nicht mehr zurückzuholen ist.

Mein Blick in die Zukunft lehrt mich, das Heute bewusst zu leben und zu gestalten. Ich möchte die Aufgaben erarbeiten, die Gott mir vor die Füße legt, und darin treu sein.

Ich halte mich stets an Gottes Wort

(Weisheiten einer über 80-Jährigen)

Eine liebe über 80-jährige Bekannte bat ich um ein paar Lebensweisheiten.

Sie schrieb mir einige Dinge aus ihrem bewegten Leben. Nach sehr schweren Lebensführungen fand sie den Weg zum Glauben an Gott. Und damit fand sie auch die Kraft, den Menschen zu vergeben, die ihr Arges zugefügt hatten. Die Bitterkeit begann, aus ihrem Herzen zu weichen. Sie sagt weiter: »Die jahrelang plagenden Magenschmerzen gingen zurück. Ich erlebte wieder Lebensfreude trotz weiterer Kümmernisse.«

Als Zusammenfassung ihres jetzigen Lebenskonzeptes sieht sie dies:

»Ich halte mich stets an Gottes Wort – übe mich im Vergeben und achte darauf, dass ich niemandem etwas nachtrage – vergesse nie das Danken, auch im Leid – und bete für alle Menschen, die ich kenne.«

Diese vier Punkte erscheinen mir wie eine Zusammenfassung alles Gesagten:

Das Vertrauen auf Gott und auf seine Führung verhindert das Grübeln und Verzweifeln.

Vergebung lässt keine Bitterkeit aufkommen. Bitterkeit wirkt zerstörend.

Wer dankt, sieht auf Gott und nicht auf Umstände.

Wer sein Herz auftut, um die Sorgen der anderen mit zu Gott zu tragen, macht sein eigenes Leid nicht zum Zentrum seines Denkens.

Möge Gott mir schenken, dass ich das in den kommenden Jahren mehr und mehr lernen darf.

Paula

KAPITEL 5

Blockaden auf dem Weg zur Reife

Uneinigkeit

Mit meinem Gott zu sprechen ist das Kostbarste, was ich mir auf dieser Erde vorstellen kann. Deshalb ist es besonders schmerzlich, wenn ich keine Gemeinschaft mit ihm haben kann. Von meinem Mann habe ich gelernt, dass Glaube mehr ist als Gefühl. Ich weiß, dass nicht meine Gefühle beim Gebet entscheidend sind, sondern mein Wille, mit Gott Umgang zu pflegen. »Glaube ist kein Gefühl«, ist ein Merksatz dieses Mannes, den ich so sehr schätze.

In meinem Kopf ist mir dies sehr klar. Bei der Umsetzung wird es weit schwieriger. Besonders dann tritt in meinem Gebetsleben eine gewaltige Störung ein, wenn ich mit meinem Mann innerlich uneins bin. Beim Bibellesen kann ich mich nicht konzentrieren, und das ständige Gebet, das ich sonst über den Tag pflege, hört auf. Mit meinem Mann will ich nicht beten. Wie können wir miteinander beten, wenn wir innerlich uneins sind?

Allerdings spüre ich, dass dies für meinen Mann kein Problem ist. Ich merke es, wenn er abends noch betet – ganz für sich allein –, und ruhig einschläft, während ich noch über unsere Uneinigkeit nachsinne und kaum zum Gebet fähig bin.

Die Ganzheitlichkeit, die Gott uns Frauen gegeben hat, kann anstrengend sein. Und ist ein Bereich gestört, ist der ganze Mensch davon betroffen.

Wir sind jedoch dadurch genötigt, unser Leben mit Gott *und* mit anderen »in Ordnung« zu halten.

Schuld

Es ist Jahre her, dass ich auf dem Lichtenberg bei Walter und Ingrid Trobisch zu Gast war. Walter Trobisch war mein Seelsorger. Ich klagte ihm, dass mir die Freude im Umgang mit Gott fehle. »Geh für zwei Stunden in die Stille«, forderte er mich auf. »Bete einfach: Herr, zeig mir, ob etwas zwischen dir und mir steht.« In einem Zimmer kniete ich nieder und bat Gott inständig darum, ans Licht zu bringen, was im Dunkeln lag. Nach einer Zeit hieß es in meinem Herzen: »Mörder!« Immer wieder kam mir dieses Wort.

»Es ist doch eigenartig, was einem die Seele vorspielt, wenn sie erst einmal zur Ruhe kommt«, dachte ich bei mir. Aber das Wort kam immer wieder: »Mörder!« Nun sprach ich zu Gott: »Herr, wenn du mir etwas damit sagen willst, zeig es mir bitte.«

Kurz danach sah ich ein Bild vor mir, das sich Jahre zuvor ereignet hatte: Wir hatten ein Kind angenommen, das uns viel Not bereitete. Ich bangte manchmal um das Leben unserer Familie, weil dieses Kind sehr gewalttätig war. Dieser Junge kostete mich viel Kraft. Als er eines Morgens das Haus verlassen hatte, um den Schulweg anzutreten, sah ich ihm vom Fenster aus nach. Er regte sich gerade mal wieder über etwas kräftig auf und stolperte als Folge über seine eigenen Füße. Dabei fiel er sehr ungeschickt auf die Straße. Ein vorbeifahrendes Auto konnte gerade noch ausweichen. Ich dachte für einen winzigen Augenblick: »Wenn es dich erwischt hätte, wären wir dich jetzt los.«

Dieser Gedanke war kurz, eigentlich ungewollt, und ich hätte ihn sofort wieder verdrängt. Hätte ihn mir jemand untergeschoben, hätte ich mich wohl mächtig dagegen gewehrt.

Aber Gott zeigte mir in seiner Liebe diesen Moment meines Lebens und erinnerte mich an diesen Gedanken.

Wie heilig ist Gott! Nach Jahren offenbarte er mir, dass es da Gedanken gab, die mich zum Mörder machten. Ich konnte tief darüber Buße tun, weil ich mich mit den Augen Gottes sah.

Aber ich lernte, neu darüber zu jubeln, dass Gott nicht nur aufdeckt, sondern vergibt und liebevoll zudeckt. Was wir aufdecken, das deckt er zu! Welch eine Gnade Gottes!

Ich lernte neu, welch eine Freude es ist, mit Gott Gemeinschaft zu haben.

Nicht umsonst sagt Luther: »Buße ist ein fröhliches Geschäft.«

Ausräumen ist in dieser Lebensphase angesagt. Prüfen wir uns doch neu vor Gott: Herr, wo sind Dinge in der Vergangenheit, die ich noch nicht in Ordnung gebracht habe?

Wo ist alte Schuld, die mich noch drückt? Wo lebt in mir noch Bitterkeit, die ich schon Jahre mit mir herumschleppe?

Bitte decke du es mir auf, Herr, damit ich es zu deinem Kreuz bringe, um Vergebung zu erfahren.

Nachdenken ja – Grübeln nein

Seit ich die vierzig überschritten habe, merke ich, wie mich viele Dinge länger und intensiver beschäftigen als früher. Und dies nimmt immer mehr zu. Alles prüfe ich stärker, lasse es länger auf mich wirken, gehe Dingen nach. Oft vergesse ich dabei die Freude, die aus so vielen Dingen herausleuchtet und die mir verschlossen bleibt, weil ich meinen Blick beim Negativen und Unlösbaren verweilen lasse.

Zuweilen sage ich zu meiner Seele: Okay, Du hast recht. Diese Sache ist mir wirklich schwer. Ja, sie scheint sogar unlösbar. Aber gerade deswegen lege ich sie jetzt zur Seite, indem ich sie dem anvertraue, der noch Lösungen hat, wenn meine schon längst ausgegangen sind. Jesus ist der Erlöser, und er wird es recht machen.

Lange Monate lähmte mich die Magersucht einer erwachsenen Tochter. Ich plagte mich damit herum beim Aufstehen und beim Schlafengehen. Ich seufzte, war unleidlich und sang nicht mehr. »Mama«, meinte unser 19jähriger. »Du hast dich total verändert. Du lachst nicht mehr, du freust dich nicht mehr.« Er hob mein Kinn leicht an, schaute mir in die Augen und meinte: »Komm, lächle mich doch wieder an, das tut so gut.«

Mit meinen Sorgen um das eine Kind, das nicht mehr in unserem Haus lebte, wurde ich der ganzen Familie zur Last.

Öfter geht mir ein Teil eines Liedes durch den Kopf, in dem es heißt:

»Mit Sorgen und mit Grämen und mit selbsteigner Pein, lässt Gott sich gar nichts nehmen, es muss erbeten sein.«

Es muss erbeten sein. Meine Not soll wieder zum Gebet werden. Und ich muss meiner Seele sagen: »Sei nur still zu Gott, denn ER ist meine Hoffnung.«...

Anklagehaltung gegenüber Gott

J. Cochlovius sagt: »Gottes Wesen ist Fürsorge und Liebe. Wo Menschen in eine Anklagehaltung gegenüber Gott verfallen, ist Gefahr im Anzug. Wo wir denken, Gott meine es nicht gut mit uns, ist die Verführung schon im Gange.«

Es wird immer wieder Dinge geben, die wir nicht verstehen, Situationen, die uns verzweifelt machen. Verharren wir aber in Anklagehaltung gegenüber Gott, werden wir selbst zutiefst unglücklich werden.

Es ist gut, sich immer wieder zu prüfen, ob wir Gott wegen irgendetwas gram sind.

Sorgen

Vor uns lag ein Gespräch mit Menschen, die uns nicht unbedingt wohlwollend gesonnen waren. Das bereitete mir ziemliche Kopfschmerzen. Ich wachte nachts manchmal mit dunklen Träumen und schweren Gedanken auf. Es schmerzte mich ungemein, dass Menschen, die ich liebhatte, uns so angriffen. Es ging mir einfach nicht in den Kopf, dass solche Missverständnisse überhaupt möglich waren. Tagelang war ich belastet und brach ohne Anlass während der Hausarbeit manchmal in Tränen aus.

Mein Mann konnte alles mehr im Kopf verarbeiten. Er sah die Sache ganz nüchtern. Für ihn war es gar kein Problem. Er würde im Gespräch ganz einfach sagen, wie er darüber dachte.

Aber bei mir war das nicht möglich. Es ging doch nicht nur um irgendeine Sache. Es waren Menschen im Spiel, zu denen ich innerlich einen Draht hatte. Ich hatte Angst vor neuen Verletzungen, die ich weder erfahren noch bewirken wollte. Es kam mir vor, als müsste ich bei einem Gericht erscheinen.

Wann immer ich meine Bedrückung vor meinem Mann aussprach, beruhigte er mich, schraubte meine Befürchtungen zurück. Aber ich spürte, dass er nicht begreifen konnte, was in mir vor sich ging. Es wurde ihm lästig, wenn ich die Sache neu aufgriff oder nur erwähnte.

So fühlte ich mich nicht nur belastet, sondern auch unverstanden und allein. Ich merkte in dieser Sache wieder einmal mehr, wie verschieden Menschen Dinge angehen und verarbeiten.

Die Arbeit ging mir nicht richtig von der Hand, und das geplante Gespräch stand wie ein finsterer Riese vor allem, was ich anpacken wollte. Selbst beim Gebet wurde ich nicht davon frei. Es verfinsterte sogar meine Beziehung zu Gott. Dies merke ich besonders, wenn ich mit meinem Mann nicht eins bin. Mir scheint, dass bei vielen Frauen das Gottesverhältnis stark mit dem Verhältnis zum Ehemann verknüpft ist, falls dieser Christ ist.

Eines Morgens, als ich Gott wieder meine Not brachte, zeigte Er mir einen Bibelvers: »Wer bist du, Mensch, dass du den sterblichen Menschen fürchtest? (Jes 51,12).

Es war wie ein Licht, das plötzlich meine Seele durchflutete: Gott wird dabeisein. Er ist größer als jedes Menschenherz. Ich darf alle Furcht verlieren, er lenkt Herzen wie Wasserbäche. Ich fühlte mich frei und leicht wie ein Vogel. Wieso war ich nicht vorher darauf gekommen? Gott würde die Gesprächsleitung übernehmen. Wie konnte ich mich nur so gefangen nehmen lassen? Es war doch so einfach!

Das Gespräch verlief äußerst positiv. Dinge wurden geklärt. Alle Angelegenheiten wurden in sachlicher Atmosphäre durchgesprochen und positiv gelöst. Ich saß in diesem Gespräch wie ein Träumender und spürte: Gott ist am Werk und hat uns seine Engel als Helfer gesandt.

Im Nachhinein sehe ich zwei Punkte als wichtig an:

Gott gab mir meinen Mann, um nüchterner an Situationen heranzugehen. Würde er sich so viele Gedanken wie ich machen, würden wir beide schließlich nur noch Trübsal blasen.

Gott gab mir aber meine Sensibilität als Gabe, um im Voraus nachzudenken und in der Not Gott intensiv zu suchen. Ich glaube nicht, dass es allein die bloße Sachlichkeit meines Mannes war, dass alles sich so gut lösen ließ, mein intensives Beten trug seinen Teil dazu bei.

Vielleicht gibt Gott manchmal erst den Durchblick, wenn wir genug gebetet haben, weil Gott gebeten sein will.

Ich weiß jedenfalls eines, dass Gott an diesem Tag ein gewaltiges Wunder gewirkt hat. Und ich habe ihm, sooft ich an diese Angelegenheit denke, gedankt dafür, wie groß er ist.

Vielleicht erlebt der Furchtsame viel deutlicher Gottes Wirken als der Sachliche, weil er von Gott weit abhängiger ist. Aber beide Gaben, sowohl die Sachlichkeit als auch die starke Sensibilität, sind uns von Gott gegeben; als komplementäre Teile sollen sie einander ergänzen.

Dieses Erlebnis verdeutlichte mir, dass ich durch viele Wochen hindurch meine Seele mit Befürchtungen gequält hatte, die letztlich nicht eintrafen. Im Grunde war mein ganzes Sorgen umsonst gewesen. Und selbst wenn nicht so viel Positives eingetreten wäre, hätte mein vorangegangenes Sorgen daran nichts ändern können.

Jesus ermahnt uns nicht umsonst in der Bergpredigt, unserem himmlischen Vater das Sorgen zu überlassen, da wir die Erledigung vieler Angelegenheiten sowieso nicht in der Hand haben. Und er sagt uns noch zusätzlich zu, dass ER, der große Gott, für uns Sorge tragen will.

Auf einem kleinen Kärtchen (»Bendorfer Kärtchen«, Licht und Salz, e.V.) fand ich diesen

SORGEN-ÜBERGABE-VERTRAG

zwischen dem Unterzeichnenden und Jesus Christus gemäß 1Petr 5,7: »Alle eure Sorge werfet auf ihn, denn er sorgt für euch.«

§ 1 Ich übergebe Jesus Christus meine Sorgen und verliere alle weiteren Bearbeitungsrechte.

§ 2 Er übernimmt meine Sorgen zur weiteren Bearbeitung und kommt für die allerbeste Erledigung auf.

§ 3 Die Anzahl der zu übertragenden Sorgen ist unbegrenzt.

§ 4 Rücknahme-Sperrklausel: Bei dem Versuch, den Vertrag zu brechen und rechtswidrig die abgegebenen Sorgen an sich zu reißen, ist der Unterzeichnende zu folgendem Gebet verpflichtet: »Ich danke dir, dass du meine Sorgen bereits endgültig übernommen hast. Ich vertraue dir, dass du dich ganz für mich einsetzt.«

§ 5 Zur Vertragsausführung wird im einzelnen empfohlen:
a) Die abzugebenden Sorgen aufzuschreiben und in die Bibel einzulegen (z.B. auf der Seite von 1Petr 5,7).
b) Die Sorgen außerdem im Gebet mündlich zu übergeben.
c) Übergabe-Dank-Gebet täglich zu wiederholen.
d) Späteres Abhaken der erledigten Sorgen und Dankgebet.

Ängste

Je älter ich werde, um somehr häufen sich Ängste in mir. Wenn ich früher in ein Auto stieg, hätte ich nie daran gedacht, möglicherweise nicht mehr nach Hause zu kommen. Heute denke ich viel mehr über die Vergänglichkeit dieses zerbrechlichen Lebens nach. Wenn ich morgens die Kinder verabschiede, küsse ich die Kleinen inniger als früher (die Großen wollen das nicht mehr so gern). Ich lebe bewusster. Aber das ist auch anstrengender.

Oberflächlichkeit ist immer leichter zu leben als Tiefe. Tiefgang heißt:

Unter die Oberfläche gedrückt werden, in sich gehen, sich den inneren Fragen stellen, sich selbst aushalten lernen, sich hinterfragen.

Die Gefahr ist dieselbe wie beim Fliegen. Beim Flug in die Höhe kann man abstürzen, ebenso wie beim Weg in die Tiefe. Wer in zu große Tiefen gerät, verliert die Orientierung.

Wenn Ängste beginnen, uns zu blockieren, haben sie uns im Griff. Wer aus Angst zum Beter wird, kann Befreiung erfahren. Aber wen die Angst packt und ihm die Luft zum Atmen nimmt, wird unfrei.

Wer ständig in Angst lebt, muss sich Hilfe verschaffen. Am wichtigsten ist es, mit der Angst nicht allein zu bleiben. Es ist kein Zeichen von Schwachheit, seine Angst zuzugeben, eher ein Zeichen von Ehrlichkeit, und dazu gehört Mut.

Manchem hilft es, einen Gebetspartner zu haben, mit dem er sich regelmäßig zum Gebet trifft. Ein anderer braucht fachliche Hilfe. Es gibt Zeiten, in denen wir den Nächsten brauchen. Und Gott zeigt uns dabei oft neu den Bruder/die Schwester.

Was uns schadet und wirklich alt macht

Unversöhnlichkeit
Grübeln über Dinge, die nicht zu lösen sind
Sorgen
Schuld
Unzufriedenheit
Neid
Missgunst
Ärger
Geiz
Perfektionismus
Aufschieben von Wichtigem
Selbstmitleid

KAPITEL 6

Hilfen für den neuen Weg

Der Wiederholungsprozess –
Kann ich mich leiden?

Dieser Prozess des Sichleidenkönnens wiederholt sich in der Zeit nach 40. Wer in der Jugend mit Selbstwertzweifeln zu kämpfen hatte, wird noch einmal in den Kampf gehen müssen.

Mir scheint, als würde Gott uns Frauen damit eine zweite Chance geben, mit uns und mit ihm umgehen zu lernen. So, als dürften wir alles noch einmal üben, nachdem der erste Probelauf zu Ende gegangen ist – uns anzunehmen und unsere Gefühle »auf die Reihe zu bringen«.

Dieses Mal geht der gesamte Prozess nur noch tiefer. Jetzt geht es um mehr als um Aussehen und äußere Schönheit. Dieses Mal heißt es, das Ziel nicht zu verfehlen. Und für mich heißt das, meinen gottgewollten Platz einzunehmen, bei dem es nicht um äußeren Erfolg, sondern um meine Bestimmung geht.

Wenn man jung ist, hat man so viele Vorstellungen. Ich hatte Vorstellungen darüber, was unsere Kinder studieren sollten, welche berufliche Laufbahn sie einschlagen könnten, wie sie ihr Musikinstrument mit Bravour spielen könnten. Ich wünschte mir einen Familienchor und eine eigene Band, dass alle Kinder Missionare würden und keiner schwierige Wege gehen sollte.

Diese Wünsche waren sicher alle gut gemeint. Aber sie entsprachen nicht den Begabungen und Wünschen unserer Kinder. Ich durfte sie fördern. Aber ihren Weg mussten sie selbst finden und gehen.

Es sind allesamt fromme Wünsche. Aber heute frage ich mich, wie ich bedrückte Väter oder verzweifelte Mütter verstehen könnte, wenn all unsere Kinder nur gerade Wege gegangen wären. Vielleicht wäre ich überheblich und stolz, weil ich es als mein Verdienst ansähe.

Einem unserer Patenkinder schrieb ich aufgrund dieser Gedanken neulich folgende Geburtstagswünsche: Weil ich Dich mag:

Wünsch' ich Dir nicht, dass immer alles glatt läuft; denn
dann würdest Du nicht reif...

Wünsch' ich Dir nicht zuviel Reichtum,
weil er überheblich macht und unzufrieden...
Wünsch' ich Dir nicht, dass alle Dich mögen,
weil Du so schön anpassungsfähig bist...
Aber ich wünsche Dir:
Dass immer, wenn etwas nicht läuft,
wie Du willst,
Du ein Stücklein Geduld lernst.
Dass Du immer so viel besitzt,
damit Du satt bist und noch Wünsche offen sind.
Dass Du den Mut hast, gegen den Strom zu schwimmen,
auch wenn Du dabei Freunde verlierst.
Und ich wünsche Dir die feste Gewissheit:
Jesus Christus ist für mich,
auch wenn ich ihn nicht immer verstehe...

Mich leiden lernen

Dieser Ausdruck »sich leiden können« ist ein interessantes Wort,
weil das Wort Leid darin steckt. Mich leiden können heißt, mich
mit meinem Leid, mit meiner Unvollkommenheit anzunehmen.
Ja sagen zu meinem Sein, das mir manchmal nicht passt. Welch
ein treffendes Wort, das wirkliche Annahme meint.

Ich sehe mich ohne Brille und lehne mich nicht ab. Ich lasse
mich so stehen! Das heißt: Ich werte mich nicht ab, mache mich
nicht klein. Ich zeige mich in meiner vollen Größe. Ich stehe
dazu, dass ich so bin, wie ich bin.

Kann ich mich leiden?

Ich hatte als Kind schon Probleme damit, mich so anzunehmen, wie ich war, da ich mit meinem Temperament oft aneckte.
Als ich schließlich begriff, dass dies nicht nur meine Grenze,
sondern ein Teil meiner Gaben war, konnte ich sie gebrauchen.

Auch das jetzige Lebensalter braucht mein neues Ja – nicht
nur zu den Begrenzungen, auch zu den neuen Gaben, die Gott

mir eröffnet. Sehe ich nämlich nur die Begrenzungen, bin ich blockiert. Ich werde alt, die Falten vertiefen sich, die Belastbarkeit nimmt ab, das Aufstehen fällt schwerer, ich kann einfach nicht mehr so viel leisten, die Wehwehchen nehmen zu, innerer Schmerz wird intensiver erlebt.

Wo sind die Gaben? Ich spüre, wie ich durch die geringere Belastbarkeit mehr Pausen einlegen muss. Dadurch lese ich mehr, als ich es früher gewohnt war. Auch die Bibel nimmt einen größeren Platz in meinem Leben ein.

Wenn ich nachts nicht schlafen kann, wenn Sorgen, bevorstehende Belastungen, Ängste mich beschleichen, beginne ich zu beten. Ich habe noch nie so viel in meinem Leben gebetet wie in der Zeit nach vierzig.

Ich lerne – endlich, wie man mit Verletzungen umgeht. Sie treffen mich zwar immer noch tief. Meine Sensibilität dafür hat zugenommen. Aber ich weiß viel schneller, an wen ich mich damit wenden muss. Meine Direktwahl an Gottes Vaterherz gelingt schneller als das Ausdiskutieren in der eigenen Seele.

Ich habe eine liebe Freundin, die nur ungern in den Spiegel schaut. Sie erträgt sich darin kaum. Beim Kämmen allerdings geht es ohne Spiegel nicht; dabei beschränkt sie sich, auf die Haare zu schauen. Ich bemalte ihr einen großen Spiegel, auf dem steht: »Du bist geliebt!«

Schönheit »an sich« gibt es überhaupt nicht, jeder hat einen anderen Geschmack. Was wir aber lieben, empfinden wir als schön. Ich arbeitete für einige Monate in meiner Ausbildung auf der Wochenstation. Eigentlich wäre ich damals am liebsten auf Hebamme umgestiegen, so sehr bewegte mich das Erleben um die Geburt. Ich sah die meist überglücklichen Frauen, wie sie nach der Geburt das Neugeborene bestaunten, dieses Leuchten in den Augen, das nicht von dieser Welt ist, diese Berührung mit der Ewigkeit. Und später brachte ich die Kleinen zu ihnen ins Zimmer. »Ist es nicht ein himmlisches Baby?« fragten mich die faszinierten Mütter. Oder auch: »Sie müssen doch zugeben, dass es kein schöneres Baby auf der Station gibt als meines!«

Besonders in Erinnerung ist mir eine Mutter, deren Kind eine recht auffällige Nase hatte, die nun wirklich nicht schön war. Diese Mutter war aber so entzückt über ihren Schatz, dass sie mit Sicherheit keinem Menschen der Welt geglaubt hätte, dass das Baby eine hässliche Nase hätte.

Ein liebevoller Blick verändert alle Dinge. Wie gehen wir mit unserem Spiegelbild um? Sagen wir Ja dazu, dass Gott uns so gemacht hat? Oder verneinen wir und lehnen uns ab. »Spricht denn der Ton zu seinem Töpfer: Was machst du? ...« (Jes 45,9; siehe auch Jes 29,16).

Wenn ich nicht dem Normbild unserer Gesellschaft entspreche, habe ich schlechtere Chancen voranzukommen. Und doch sind es gerade die »anscheinend vollkommenen« Menschen, die so wenig Reife zeigen. Ihnen flogen die Herzen vieler Menschen zu, bedingt durch ihr Aussehen. Wer besonders schön ist, hat es schwer, an seiner Persönlichkeit zu arbeiten. Ihm werden Annahme und ein Vorschuss an Zuneigung entgegengebracht, die er sich nicht erst erwerben muss.

Von daher ergibt sich die Frage, ob es wirklich erstrebenswert ist, der Schönheitsnorm zu entsprechen. Nun kommt die Verknüpfung mit dem Alter hinzu. Auch darin prägt der Zeitgeist die Menschen. Dieser fordert: »Schönheit, Schlankheit und Jugend.« Mit über vierzig kann man nicht mehr mithalten. Man ist »out«. Da stimmt weder das Alter noch die Figur.

Noch vor einigen Jahrzehnten achtete man ältere Menschen besonders, weil man ihnen aufgrund ihrer Lebenserfahrung viel Reife zutraute. Man suchte gerne ihren Rat.

Wenn ich über mein eigenes Leben nachdenke, sehe ich im Nachhinein, wie unreif und unfertig ich mit 20 Jahren war. Ich bin dankbar, über vieles heute anders denken zu können als damals. Und eigentlich möchte ich nicht noch einmal diese Zeit durchmachen. Viele Menschen in meinem Alter sehen das genauso. Wenngleich ich mir manchmal die Dynamik und Spontaneität herbeiwünsche, mit der ich vieles anpacken konnte, habe ich doch gerade mit diesem jugendlichen Schwung Menschen verletzt, vorschnelle Urteile gefällt und manchen damit überfordert.

Wenige Menschen sind jung und gleichzeitig reif. Das lehrt uns schon das Wesen der Natur. Eine entstehende Frucht kann noch nicht süß sein, denn sie ist erst in der Entwicklung.

Und es braucht manchen Regen und viel Sonne, bevor eine Frucht zur Reife kommt.

Manche Menschen hängen an einem »Apfelbaum« und kommen kaum zur Reife, weil sie gerne eine »Kirsche« geworden wären. Sie jammern der roten Farbe nach und entdecken nie, dass goldgelb auch wundervoll ist. Sie vergleichen den Geschmack des Apfels mit dem der Kirsche und merken, wie wenig sie sich ähnlich sind. Und weil sie so nicht schmecken, versuchen sie ewig etwas zu sein, was sie nicht sind. Ihnen fehlt die Selbstannahme.

Wer bin ich? In dieser jetzigen Lebensphase gibt Gott mir nochmals die Chance herauszufinden, wie er mich gedacht hat.

Ich muss nicht so sein, wie andere mich haben wollen.
Ich muss nicht so sein, wie ich mich gerne haben würde.
Ich darf ganz einfach das leben, wozu Gott mich bestimmt hat.

Daher ist es neu mein Gebet:

Herr, mein Schöpfer, der du mich gemacht hast,
öffne mir die Augen dafür,
wie du mich ausgedacht hast.
Lass mich erkennen,
welche deiner Gaben
ich als Aufgabe in dieser Lebensphase
angehen und fördern soll.
Vielleicht zwingt mich meine Kraftlosigkeit
auch dazu, einfach eine Ruhephase einzulegen,
um vor dir zu stehen
und dich neu kennenzulernen
als den, der mich geschaffen hat.
Halte mir neu das Ziel vor Augen,
dass alles hier vergeht
und nur du bleibst
und ich nur in dir Bestand habe.

CHECKLISTE ZUM LEIDENKÖNNEN

- Kann ich mich leiden?
- Gehe ich geduldig mit meinen Schwachstellen um?
- Bin ich barmherzig mit mir selbst?
- Sehe ich mich mit wohlwollenden Augen?

Wir hatten für einige Zeit immer wieder ein liebes Mädchen zum Helfen im Haushalt. Sie konnte sich selbst nicht ausstehen. »Ich werde nie einen Mann bekommen«, äußerte sie einmal. Aber Gott schenkte ihr einen sehr lieben Mann.

Als sie vor der Hochzeit miteinander an der Wohnungsrenovierung arbeiteten, stand sie eines Tages schimpfend vor dem Badspiegel. Sie ging nicht gerade sanft mit ihrem Spiegelbild um, das ihr ein von Arbeit schmutziges und verschwitztes Gesicht zeigte.

Ihr Bräutigam, der nachschauen wollte, was los war, kam dazu. Er hielt sie an den Händen fest, trat mit ihr vor den Spiegel und sprach sie an: »Wenn Sie noch einmal so mit meiner Braut umgehen, die ich liebe, bekommen Sie es mit mir zu tun!«

Was macht meinen Wert aus?

Es gibt Menschen, die sich hauptsächlich über ihr Aussehen definieren.

Vor einiger Zeit kam ein Ehepaar zu uns, um sich Rat zu holen. Die Frau dachte zu dick zu sein, nachdem sie nach einer Geburt nicht so viel abgenommen hatte, wie sie gewünscht hatte. Sie hatte schon verschiedene Abmagerungskuren gemacht, doch vergebens. Sie lehnte sich so stark ab, dass ihr Denken sich nur darum drehte, ob und wie sie abnehmen könnte.

Alles drehte sich um ihr angeblich richtiges Gewicht, und sie hängte ihr gesamtes Lebensgefühl daran auf. Ihr Mann, den das Gewicht seiner Frau überhaupt nicht störte, wurde von ihr kaum wahrgenommen. Ihre Gedanken waren so stark darauf fixiert, dass es kaum möglich war, das Gespräch in eine andere

Richtung zu lenken. Wir versuchten, in ihrer Kindheit Werte der Eltern ausfindig zu machen, Bevorzugungen, die es in der Geschwisterschar gegeben hatte, evtl. durch Aussehen. Oder war es der Verlust eines Freundes in der Teenagerzeit durch ein in ihren Augen schöneres Mädchen?

Aber das Gespräch war nicht in Gang zu bringen. Diese Frau war nicht bereit, an diesem Punkt zu arbeiten.

Die beiden kamen auch nicht wieder. Die Ehe sei daran gescheitert, hörte ich später, dass der Mann die Figur seiner Frau nicht ertragen konnte!

Wir können durch unsere eigene Versessenheit den anderen in eine Problematik hineinziehen, die ihm vorher fremd war, sodass wir zum Schluss das zu hören bekommen, was wir hören wollten.

Diese Gefahr wird in den Jahren nach vierzig größer, wenn wir vorher nicht in der Lage waren, unser Leben aufzuarbeiten.

Es kann auch umgekehrt sein: Mit einer lieben Bekannten saß ich bei einer Feier unserer Kinder. »Ich habe ziemlich Schwierigkeiten mit meiner Linie«, äußerte sie sich. Da ich sie überhaupt nicht als dick empfand, ließ ich sie dies wissen. »Das ist lieb von dir, wie du das sagst«, meinte sie. »Mein Mann denkt da ganz anders: ›Wie kann man sich nur so gehen lassen‹, vermittelte er mir neulich.«

Solche Äußerungen schmerzen mich beim bloßen Zuhören. Denn wir sind umso unfähiger, uns zu verändern, je weniger die Menschen um uns herum uns annehmen. Das zwingt uns fast dazu, so auszusehen, wie wir es nicht wollen.

Im Alter über vierzig hat man in der Regel halbwegs erwachsene Kinder, die einen ohnehin nicht mit Komplimenten überhäufen.

CHECKLISTE

- Mit wem vergleiche ich mich?
- Woran scheitere ich immer wieder?

- Wer würde ich gerne sein?
- Welches Lebensgebiet ist immer noch ungeklärt?
- Was sollte ich hinnehmen?
- Was ist mein nächster Schritt?
- Was meine ich, im Leben versäumt zu haben?
- Für wen lebe ich?
- Kurzzeitziel mit Liste ...
- Langzeitziel mit Liste ...

Wie kann ich damit umgehen, mich neu sehen lernen, wie Gott mich sieht?

Ich muss mir bewusst machen, dass Gott mich nicht allein für diese Welt schuf, nur um beiläufig da zu sein. Er hat mir einen Sinn für dieses Dasein auf der Erde gegeben. Und dieser Sinn liegt weder im Aussehen noch im Reichtum, noch in der Arbeitskraft, noch in der Jugendlichkeit.

Er liegt darin zu wissen, wozu ich lebe, und die Gaben auszuschöpfen, die Gott mir persönlich zugedacht hat.

Nicht mehr und nicht weniger.

Ich denke an das Gleichnis Jesu, in dem er von den anvertrauten Pfunden spricht (Mt 25,14–30; Luk 19,11–27). Jedem dieser Knechte hatte der Herr einen bestimmten Geldbetrag anvertraut. Und als er nach seiner Reise wiederkam, forderte er das leihweise überlassene Geld zurück. Die Knechte waren auf unterschiedliche Weise damit umgegangen; teils hatten sie viel Gewinn erwirtschaftet, teils weniger. Je freudiger sie ihre Gabe angenommen hatten, desto mehr Frucht hatten sie getragen. Nur einer der Knechte hatte in innerem Vorwurf über die ihm zugedachte Menge das Geld einfach vergraben. Dieser Mann ging am Schluss leer aus. Aber noch schlimmer, er hatte die ganze Zeit im Groll gelebt und sich selbst das Leben versauert.

Eigentlich geht es nur darum, ob ich Gott vertraue, dass er es gut mit mir gemeint hat, als er mich erschuf. Darum, dass ich Ja sage dazu, wie er mich gemeint hat, dass ich mich einverstanden erkläre mit seinem Werk.

CHECKLISTE

- Wie gehe ich mit meiner Gabe um?
- Bin ich innerlich bitter darüber, dass ich nicht bekommen habe, was ich gerne gehabt hätte?
- Erfüllt es mich mit Neid, wenn ich sehe, was andere geleistet haben?
- Bin ich voller Vorwurf darüber, dass Gott mir nicht die Gaben geschenkt hat, mit denen ich meinte, ich könne etwas vollbringen?

Letztlich ist dies nur möglich, indem ich ihm Glauben schenke. Der wunderbare Garten, den Gott den ersten Menschen anvertraut hatte, ging durch das Misstrauen gegenüber Gott verloren. Das Misstrauen, das die Schlange aufbaute, führte zur Sünde. Und dieses Misstrauen gegenüber Gott hinderte die Menschen daran, in Frieden mit Gott zu leben.

Wenn ich Gott hinterfrage, warum er mich so geschaffen hat, werde ich verlieren, was er mir anvertraut hat. Wenn ich ihm aber vertraue, dass er es gut mit mir meint, werde ich die Gaben, die er mir anvertraute, sinnvoll nutzen können.

CHECKLISTE

- Sage ich ja zu mir?
- Ja zu meinem Alter?
- ... zu meinen Kindern?
- ... zu meinem Elternhaus?
- ... zu meinen Grenzen?
- ... zu meinen Falten?

Wozu lebe ich? Für wen lebe ich?

Als ich noch in meiner Ausbildung zur Krankenschwester war, hatten wir auf der Station des Öfteren schwierige Patienten. Ich fühlte mich meist zu solchen Menschen hingezogen, und die anderen Schwestern waren froh, wenn ich freiwillig in deren Zimmer ging. Unter diesen Menschen war eine ältere Frau. Wer auch immer in ihr Zimmer ging, wurde mit irgend etwas »begrüßt.« Sie warf mit allem, was erreichbar war: Mit Tassen und Tellern, mit Blumen und Kissen. Immer wieder versuchte ich, eine Unterhaltung mit ihr zu beginnen, aber es war fast nicht möglich. Sie brummte irgendeine Unverschämtheit, die einen in die Flucht jagte.

Ich empfand, welch unbändige Not hinter ihrem abweisenden Verhalten stand. Sie musste zuerst ihr eines, dann ihr zweites Bein amputieren lassen. Diese Frau wollte unbedingt sterben und verweigerte Essen und Trinken, wehrte sich gegen Spritzen.

Nach vielen Versuchen berichtete sie mir mit viel Bitterkeit von ihrem Schmerz: »Ich war im Haus der Kinder nur geduldet, weil ich eine gute Arbeitskraft war. Niemand will mich wirklich. Aber weil ich nützlich war, behielt man mich.«

Nun konnte ich den schlimmen Schmerz mitfühlen. Ich litt mit dieser armen Frau, deren ganzer Lebensinhalt nur darin bestanden hatte, zu arbeiten.

Was ist mein Lebenssinn? Wodurch definiere ich mich? Es ist gut, arbeiten zu wollen und anzupacken. Aber das darf nicht der hauptsächliche Lebenszweck sein. Sonst verzweifle ich, wenn ich als Arbeitskraft ausfalle.

Der Blick in den Spiegel

So vieles verändert sich. Als ich mich heute morgen im Spiegel betrachtete, war ich erschrocken.

Das Bindegewebe meines Körpers ist nicht mehr so fest wie früher. Ich musste mich zwingen, noch einmal in den Spiegel zu sehen und zu sagen: Das bin wirklich ich!

Es bleibt mir nichts übrig: Ich muss diesen Leib, mit seinen Schwachheiten und offensichtlichen Schönheitsfehlern ganz neu annehmen, ihn bejahen. Es fällt mir wirklich schwer.

Es hilft nichts, meiner vergangenen Jugend nachzutrauern und meiner Figur, die ich damals hatte. Das ist einfach vorbei. Auch die Falten, die ich nun überall finde, werden nicht einfach wieder verschwinden. Ich merke, wie die Haut schneller austrocknet. Früher brauchte ich wenig, um mich zu pflegen.

Das Selbstmitleid zupft kräftig an mir. Ich will es auch nicht verdrängen. Ich muss mich der Tatsache stellen, dass ich mich an meinem äußeren Menschen verändere. Der Alterungsvorgang schreitet weiter fort.

Aber ich werde mich nicht in Resignation zurückziehen.

Was ich kann, will ich verändern.

Verändern, was möglich ist

Gott hat mir meinen Leib gegeben als Haus für meinen Geist und meine Seele. Ich habe nur diesen einen Leib. Er ist zwar vergänglich, aber er beherbergt Unvergängliches.

Wenn ich ihn pflege, ist es ein Dankeschön an meinen Schöpfer, der ihn mir gegeben hat.

Wie gehe ich mit ihm um?

Pflege Körper, Seele und Geist!

Dies sind die drei Lebensbereiche,
die Gott uns mit unserem Menschsein anvertraut hat!

Meinen Körper versorgen

Dieser vergängliche Körper, der mir gegeben ist, trägt meinen unvergänglichen Geist. Gott schuf mich mit dieser Vergänglichkeit, die mich befähigt, unvergänglich zu sein, bei ihm zu leben für immer. Es ist ein Geheimnis, dass Gott diesem Ewigen in uns eine solch vergängliche »Kleidung« schenkte. Und doch entdecke ich im Lauf der Jahre die Zusammenhänge zwischen Natur, meinem Sein, der Herrlichkeit dieser Erde und der Vergänglichkeit des Irdischen. Gerade unser Körper drückt deutlich aus, dass wir selbst Verantwortung diesem ganzen Geschehen gegenüber haben, aber ihm zugleich ausgeliefert sind. Wir können Gesundheit erhalten und ruinieren, ähnlich wie wir eine gewisse Beeinflussung auf die Natur ausüben können. Aber es gibt Prozesse, auf die wir keinen Einfluss haben. So etwa beim Ablauf der Jahreszeiten, die uns in ihrem ständigen Kreislauf daran erinnern, dass unser Leben den Veränderungen unterworfen ist, und dass, selbst wenn wir alle Kräfte dagegen einsetzen, dieser Winter, dieses Sterben uns erreichen wird. Es gibt Stürme in der Natur, die zerstören, entwurzeln, verwüsten. Auf solche Stürme im Leben haben wir kaum Einfluss. Wir können sie ertragen lernen oder daran scheitern, an ihnen erstarken oder zerbrechen. Verhindern können wir sie nicht.

Es gibt also Prozesse, auf die wir keinen Einfluss haben. Aber die Möglichkeiten, die Gott uns für unser Leben in dieser Zeit, in diesem Teil der Erde gibt, sollten wir wahrnehmen, um dieses Leben, das er uns anvertraute, bestmöglich zu schützen. Dies gehört zu unserer Verantwortung für andere und für uns selbst.

• **Gesundheitliche Maßnahmen wahrnehmen**
Dazu gehört, dass wir gesundheitliche Maßnahmen wahrnehmen, die sich uns anbieten. Vor Jahren fand man bei einer Routineuntersuchung, die mein Mann durchführen ließ, einen Tumor, der im Fortschreiten begriffen war. Die rechtzeitige Entfernung gab ihm und uns die Möglichkeit, beieinander zu bleiben, und nicht durch den Tod auseinandergerissen zu werden.

Wir sind es Gott gegenüber schuldig, auf uns selbst zu achten.

Dazu gehören bei uns Frauen eben die Routineuntersuchungen beim Gynäkologen. Manche Krebserkrankung wäre behandelbar gewesen, wenn Frauen regelmäßig zur Untersuchung gegangen wären.

Ich bin froh, dass mein Mann mich rechtzeitig erinnert und oft Termine beim Arzt für mich ausmacht, weil ich das eher schleifen lasse, da ich ungern zum Arzt gehe.

- **Blutwerte prüfen lassen**

Über Wochen ging ich durch depressive Verstimmungen, die nicht zu erklären waren. Ich machte mir selbst, meinem Mann und den Kindern das Leben schwer durch meine Kraftlosigkeit und Dunkelheit, Unausgeglichenheit. Schließlich schleppte mein Mann mich zum Arzt. Ich sage »schleppte«, weil ich eigentlich nicht wollte, denn ich meinte, ein Recht auf meine Verstimmung zu haben. Und was sollte der Arzt schon dagegen unternehmen können?

Beim Blutbild zeigte sich ein schwerer Kalziummangel, verbunden mit einem massiven Eisenmangel.

Nach zwei Spritzen Kalzium fühlte ich mich wie neu geboren. Ich hatte ein völlig neues Lebensgefühl und konnte mit mir und den anderen wieder ganz anders umgehen.

Manchmal ist es wirklich unser Stolz, bei manchem die Angst, die uns daran hindert, uns einer Sache zu stellen. Ich weiß von vielen erschöpften Frauen, die dringend eine Kur – vielleicht auch Mutter-Kind-Kur – brauchten, sich aber unentbehrlich fühlen. Durch ihre Kraftlosigkeit schaden sie allerdings sich und der ganzen Familie mehr, als wenn sie nach einigen Wochen der Erholung mit neuer Kraft ihrer Tätigkeit nachgehen könnten.

Diese große Schwachheit, die uns als Frauen so stark lähmen kann, bewirkt häufig ein verstärktes negatives Selbstbild. Man geht weder mit sich noch mit den anderen liebevoll um und hat deshalb fast ständig Schuldgefühle.

Wer allerdings trotz all dieser Maßnahmen wenig Kraft hat, muss sich mit dieser Kraftlosigkeit annehmen lernen. Wir haben nur diesen einen Körper und müssen ihn akzeptieren, selbst wenn er nicht so funktioniert, wie wir es uns wünschen. Mit kleinerer Kraft leben lernen ist wesentlich schwerer, als ständig aus dem Vollen zu schöpfen.

Ich selbst kann schwer zurückstecken, wenn ich mir etwas vorgenommen habe. Deshalb brauche und suche ich die Korrektur durch Menschen, die außerhalb meiner Familie stehen und mich dennoch gut kennen. Von ihnen ist es häufig leichter, einen Rat anzunehmen, als von meinem engsten Kreis, mit dem ich lebe.

• Ernährung

Mir macht das Kochen Spaß und das Essen auch. Zwar fühle ich mich häufig nach dem Mittagessen ruhebedürftig, aber es macht mir trotzdem Freude, jeden Mittag wieder an die Arbeit zu gehen. Ich empfinde das Kochen als kreative Arbeit, und zusätzlich geben mir die meist hungrigen und hernach zufriedenen Gesichter eine besondere Befriedigung.

Leider spüre ich, je älter ich werde, dass ich nicht mehr so ungeniert zugreifen kann wie früher. Herrliche Mahlzeiten zeigen mir am nächsten Morgen auf der Waage, dass mein Körper dies nicht unbeschadet hinnimmt. Der Stoffwechsel verlangsamt sich, kalorienreiche Kost verstärkt die Rundungen. Ich versuche, mehr darauf zu achten, wie viel ich esse, und bewusster auszusuchen, was ich esse. Wenn ich einen Apfel vor den Mahlzeiten esse, merke ich, dass ich schneller gesättigt bin. Es hilft mir auch, wenn ich vorher ein Glas Mineralwasser trinke. Immer, wenn ich Appetit spüre, trinke ich zuvor ein kalorienarmes Getränk.

Da der verlangsamte Stoffwechsel auf die gesamte Ausscheidung wirkt, ist vermehrte Flüssigkeitsaufnahme hilfreich, alles besser in Gang zu bringen.

Ein Esslöffel Weizenkleie und vermehrtes Trinken helfen häufig auf einfache Weise, dieses Problem zu bewältigen. Ein Müsli am Morgen ist ebenfalls eine Lösung.

Wenn man kleinere Portionen auf den Teller nimmt und sich angewöhnt, langsamer zu essen, benötigt man weniger.

Mit Vitaminen und Mineralstoffen sollte man nicht sparen. Der Körper ist jetzt anfälliger für Krankheiten. In den Erkältungszeiten ist Vitamin C besonders wichtig, das reichlich in den Südfrüchten vorhanden ist und vom Körper in dieser natürlichen Form besser aufgenommen wird als in Tablettenform.

Lebensfreude darf bei aller Ernährung nicht vergessen werden. Wer gerne Pralinen isst, darf sich daran freuen. Es ist günstig, wenn man nur eine kleine Packung mit vier Stück im Haus hat. Das verleitet nicht zum Weiteressen. Auf keinen Fall zu Süßigkeiten greifen, wenn man Hunger hat. Dann immer zuerst etwas »Festes« essen, bevor man nascht. Sonst nimmt man zu viele Kalorien auf, da die Sättigung bei Schokolade erst spät eintritt.

Wenn ich an einem Manuskript für ein Buch arbeite, ist mein Heißhunger nach Schokolade besonders groß. Meist spare ich daran nicht. Aber wenn das Manuskript fertiggestellt ist, arbeite ich an den Pfunden, die es mir eingebracht hat. Man kann nicht gleichzeitig an allen Fronten kämpfen, sondern muss Prioritäten setzen. Ich habe aufgehört, über überflüssige Pfunde zu jammern. Entweder gehe ich durch eine eher stabile Lebensphase. Dann kann ich es mir leisten, an diesem Punkt zu arbeiten. Oder ich spüre, dass andere Dinge wichtiger sind. In diesem Fall nehme ich in Kauf, dass die Kleidung eine Nummer größer sein muss.

Meine Mutter hat auch Gewichtsprobleme. Gelegentlich sagt sie mit einem Lächeln im Gesicht: »Wer mich gerne mag, der mag mich, wie ich bin. Und der anderen Bewunderung brauche ich sowieso nicht.«

Wir haben meist nur selbst eine Vorstellung davon, wie wir gerne aussehen würden. Aber je mehr sie von unserem eigentlichen Aussehen abweicht, umso mehr bekommen wir Probleme. Denn gerade unsere Unzufriedenheit mit uns selbst verleitet dazu, uns anderweitig »Gutes« zu tun.

Wenn das Gewicht zum Mittelpunkt unseres Denkens wird, müssen wir uns ernstlich fragen, wozu wir leben und ob Leben nicht mehr ist als Aussehen.

Unser Körper ist wichtig; denn er trägt unseren unsterblichen Geist. Wir sollen in der richtigen Weise mit ihm umgehen und ihn nicht vernachlässigen. Aber er darf nicht zum Mittelpunkt unseres Denkens werden. Und er soll nicht über uns bestimmen. Das Essen darf nicht der Gradmesser unserer Leistung oder unseres Versagens werden.

»Zur Mitte finden«, ist der Aufruf beim Älterwerden.

- **Gymnastik und Bewegung**

Heute liegt meine erste Gymnastikstunde hinter mir. Wie steif bin ich geworden! Ich habe die Stunde kaum durchgehalten. Aber mit einigen Pausen habe ich es dann doch noch geschafft. Es macht mich froh, dass ich nicht die älteste Frau dabei bin – und nicht die jüngste. So bin ich nicht so sehr vom Leistungsdruck abhängig.

Ich habe gestaunt, wie beweglich manche Älteren noch sind. Als ich dies ausdrückte, ließen sie mich wissen, dass sie seit Jahren schon bei der Gymnastikstunde dabei sind.

Eigentlich hatte ich mir vorgenommen, zu Hause regelmäßig Übungen zu machen. Aber oft kann ich mich kaum dazu aufraffen, weil ich so erschöpft bin. Umso mehr achte ich darauf, nun regelmäßig in die Gymnastikstunde zu gehen, auch wenn ich zwei Tage danach unangenehmen Muskelkater habe. Das zeigt mir wenigstens, dass etwas in Bewegung gekommen ist.

Wer eine überwiegend sitzende Tätigkeit hat, sollte den Kreislauf dadurch stärken, dass er immer wieder vom Platz aufsteht. Treppensteigen, statt den Fahrstuhl zu benutzen, ist angesagt.

»Wenigstens einmal am Tag müssen wir ins Schwitzen kommen, um den Körper fit zu halten«, informierte mich ein Internist.

»Zweimal pro Monat schwimmen gehen«, lautet das Rezept einer älteren Dame, »das bewahrt vor dem Einrosten und entlastet die Knochen und Gelenke.«

»Jeden Tag einen flotten Zehn-Minuten-Spaziergang bei jedem Wetter«, empfiehlt mir eine Bekannte, »und du bist fit.«

Das Wohlgefühl des Körpers schlägt sich auch auf die Seele nieder.

- **Kosmetik**

Das war eigentlich nie so sehr mein Fach. Meine Haut schien keine zusätzlichen Stoffe zu benötigen, um sich zu regenerieren. Und meine Augenbrauen brauchten keine besondere Korrektur. Das Einzige, was ich gelegentlich auftrug, war ein wenig Rouge.

Nur über ausgetrocknete Haut zu jammern ist zu wenig. Auch wenn ich früher keine Creme brauchte, ist es jetzt an der Zeit, der Haut zu geben, was sie nicht mehr selbst produzieren kann.

Ich spüre, dass sie mehr Feuchtigkeit benötigt. Da ich so wenig Ahnung in diesem Bereich habe, ließ ich mich beraten. Und das hat mein Wohlbefinden deutlich gesteigert. Nun gönne ich mir ab und zu eine Gesichtsmaske.

Menschen mit heller Gesichtshaut hilft etwas Make up weiter. Wer immer nur hört: »Sehen Sie aber heute schlecht aus! Sind sie krank?« wird sich über kurz oder lang elend fühlen.

Gott hat uns diesen Leib gegeben, damit wir ihn pflegen und schmücken dürfen. Jammern genügt nicht.

• **Die Haare**

Die ersten grauen Haare zupfte ich mir aus. Später wurde es immer schwieriger, weil es zu viele wurden.

Manch eine Frau meint, die Farbe grau sei naturgegeben und müsse so belassen werden. Ich frage dann gerne zurück, ob man zahnlos herumlaufen müsse, wenn alle Zähne ausgefallen sind, da dies ja auch naturgegeben sei.

Ich denke, hier sollte jede Frau ihren eigenen Weg finden. Bei mir sehe ich es gegenüber unseren kleinen Kindern als barmherziger an, noch etwas »natürliche« Haarfarbe zu haben. Kinder wollen junge Mütter. Obwohl ich ihnen keine Jugendlichkeit vorgaukeln will, bemühe ich mich, so frisch wie möglich auszusehen.

Ich merke, wie mein Haar jetzt besondere Pflege braucht. Es wirkt schneller ungepflegt. Ich nehme ein sanftes Haarwaschmittel und achte auf nicht zu heißes Wasser beim Waschen. So wird das Haar geschont.

Die Augenbrauen fangen an, nicht mehr von selbst eine schöne Form zu bilden. Dazwischen werden einige Haare zu lang und »tanzen aus der Reihe«. Nachdem ich sie mir beim Friseur in Ordnung bringen ließ, weiß ich jetzt selbst, wie ich es verändern kann. Mit einem kleinen Handrasierer und einer Pinzette rücke ich nun allen »falschen« Haaren näher.

Aussehen und Wohlfühlen

Bei den meisten Frauen spielt ihr Wohlgefühl eine wichtige Rolle beim Umgang mit anderen. Wer sich in seiner Haut nicht wohl fühlt, ist unsicher und fühlt sich schneller angegriffen. Harmlose Bemerkungen werden als Beleidigung aufgefasst und alle Dinge persönlich gewertet. Deshalb ist es so wichtig, sich wohl zu fühlen.

Kleidung als Ausdruck unseres Inneren

Wie wertvoll bin ich mir selbst?

Ich hörte neulich eine Frau sagen: »Wer als Frau aufhört, auf sein Äußeres zu achten, hat aufgehört, eine Frau zu sein.«

Zunächst fand ich diesen Satz übertrieben. Doch als ich darüber nachdachte, fiel mir auf, welche Wahrheit darin enthalten ist.

Für eine Frau ist Kleidung wie eine zweite Haut. Wie sie sich fühlt, so kleidet sie sich. Deshalb findet sie gelegentlich nichts zum Anziehen. Einmal passt die Farbe nicht, dann die Stoffart.

Heute morgen empfand ich den Baumwollpulli als zu kalt, obwohl er eigentlich gar nicht kalt ist. Ich wunderte mich selbst, als mir meine Gedanken bewusst wurden. Das dunkle Tuch, das noch von gestern über dem Stuhl lag, störte mich in seinen Farben. Ich suchte nach einer frischen Farbe und nach etwas Weichem. Vielleicht war es meine Seele, die betrübt war und mir zuflüsterte: »Schenk mir ein Lächeln mit Farbe und etwas Weiches als Streicheleinheit.« Frauen sind in ihrem Denken so ganzheitlich, dass sie das Reden der Seele intuitiv umsetzen, ohne es bewusst wahrzunehmen.

Es gibt Tage, an denen findet man nichts zum Anziehen, weil man sich in seiner Haut nicht wohl fühlt. Und dafür gibt es eigentlich kein Kleidungsstück. Man kann sich kleiden, wie man will, es geht einem nicht besser. Manche Frauen gehen dann einkaufen. Oft »verkaufen« sie sich, kommen mit Kleidungsstücken heim, die sie sich aufschwatzen ließen – nicht passend, zu teuer – und sind hinterher unglücklicher als vorher.

Das hat – zumindest für mich – eine gute Seite. Immer wieder bekomme ich wunderschöne Kleidung aus solchen »Käufen« geschenkt.

Allerdings müssen wir auch wissen, wann neue Kleidung angesagt ist. Statt ständig über zu enge Kleidung zu klagen und sich mit Diäten herumzuschlagen, nur um eine alte Form zu erhalten, ist vielleicht wirklich neue Kleidung erforderlich. Eine gute Freundin kann beim Einkaufen mit Rat und Tat zur Seite stehen; dann ist man sicherer bei der Wahl.

Frauen brauchen in der Regel länger, bevor sie sich für etwas zum Anziehen entschließen können. Und gehen sie aus, finden sie nichts zum Anziehen, obwohl der Schrank voller Kleider hängt. Sie finden ganz einfach nicht, was zu ihnen passt – worin sich ihre Haut zu Hause fühlt, was ausdrückt, wie sie sich gerade fühlen.

Der Traurige wird sich eher für dunkle Farben entscheiden, der Fröhliche für helle, und der, der sich vor den anderen verstecken will, wird hell tragen und doch dunkel fühlen.

Ich spüre, wie ich an Tagen, an denen ich inneren Schmerz verarbeite, zu gedeckten Farben greife.

Vielleicht ist es deshalb sinnvoll, Trauerkleidung zu tragen, weil dadurch andere unser Leid besser wahrnehmen können und uns niemand zum Lachen bringen will.

Aber trotz der Rücksichtnahme bräuchten wir ja gerade jetzt Freude.

Der Einsame greift nach dem kuscheligen Pullover – und wer sich in Arbeit stürzen will, wird nichts Empfindliches suchen.

»Kleider machen Leute«, heißt es im Volksmund. In der Tat

spielt für viele Frauen ihr Äußeres eine Rolle, um sich in der Öffentlichkeit frei bewegen zu können. Obwohl ich nicht sehr wählerisch in der Kleidung bin, fühle ich mich auch viel wohler, wenn ich mir zum Aussuchen der Kleidung etwas Zeit genommen habe und meine Haare gepflegt sind. Sonst bin ich unsicherer.

Vielleicht stehen wir deshalb manchmal länger vor unserem Kleiderschrank, weil wir den Zustand unserer Seele suchen. Was drückt am besten aus, wer ich bin? Der Mensch spürt, was ihm passt, nimmt wahr, worin er sich wohl fühlt, merkt, was ihm schmeichelt und guttut. Nicht umsonst sagen wir, wenn eine Sache stimmt: Das passt mir, was so viel heißt, wie: Ich fühle mich darin wohl.

An Tagen, an denen ich mir selbst eine Last bin, fühle ich mich in fast nichts wohl...

Unsere Orchideenpflanze hat eine neue Blüte getrieben. Die Pflanze selbst ist unscheinbar mit ihren lanzettförmigen, gleichmäßigen Blättern. Aber ihre Blüten übertreffen viele andere in ihrer Schönheit. Die wunderschöne Farbwahl, die fließenden Farbtöne zeigen eine seltene Vollkommenheit. Man könnte sich nun fragen: Warum schmückt Gott diese Pflanzen auf diese Weise? Könnte er nicht alles viel einfacher gestalten? Warum solch ein Aufwand an Farben und Formen?

Vielleicht ist die Antwort ganz einfach: Gott freut sich an seiner Schöpfung. Er zeigt darin seine Vielfalt, seine Schönheit, seine Vollkommenheit. Den Tieren gab er als Kleid Fell oder Federn, einen Panzer oder eine besondere Haut. Dem Menschen gab er bei der Ausweisung aus dem Paradies ein Fell als Kleidung. Wir sind selbst für unsere Kleidung zuständig. Es bleibt uns überlassen, was wir anziehen und worin wir uns wohl fühlen. Und damit gibt Gott uns die Möglichkeit, auf noch vielfältigere Weise unsere Persönlichkeit zu unterstreichen.

»Der Mensch gibt sich eine Deutung«, sagte Prof. Wendt zu der Art, wie der Mensch sich kleidet.

Der eine braucht den Gammellook, um sich in seiner Haut wohl zu fühlen, der andere die Markenkleider, um sich wertvoll und gut zu fühlen, der dritte liebt es, schick angezogen zu sein. Zu dem allem kommt, dass wir im Laufe unseres Lebens mit unserer Weiterentwicklung eine andere Kleiderwahl treffen. Wir zeigen mit unserer Kleidung, wer wir sein wollen.

Häufig passen wir uns an, wenn wir einer Gemeinde oder sonstigen Gruppe angehören. Wir identifizieren und solidarisieren uns auch durch Kleidung.

Mit unserem Äußeren dürfen wir zeigen, dass wir uns darüber freuen, wie Gott uns gemeint hat. Wer sich schmückt, kann damit ausdrücken: Danke, Herr, du hast mich wunderbar gemacht. Ich bin einverstanden damit. Ich habe aufgehört, nach dem zu schielen, was gerade »in« ist, und erkenne an, dass du dir Gedanken machtest, als ich entstanden bin.

Äußeres und Inneres dürfen miteinander in Einklang kommen.

Wer im Frieden mit Gott lebt, wird immer eine Schönheit ausstrahlen, weil Gott in ihm lebt.

Ich darf mich schmücken

Ich kann mich schmücken, dabei soll der äußere Schmuck nicht den inneren Menschen verdecken.

Wir sollen uns auch nicht aus falsch verstandener Demut verstecken. In einem Gespräch äußerte sich eine ältere Dame über den teuren Mantel, den sie kaufen musste, weil nur dieser die graue Farbe hatte, die man als Christ tragen müsse.

Gott hat die Welt bunt gemacht! Die leuchtenden Farben der Tulpen, Narzissen, die bunten Farben der Schmetterlinge und Papageien, rote Äpfel, gelbe Zitronen...Ich meine damit nicht die Aufdringlichkeit, mit der ich zeigen muss, dass ich da bin. Aber ich darf, ich will damit ausdrücken: Ich freue mich darüber, dass Gott mich gemacht hat (Psalm 139,14).

Manchem hilft eine Farb- und Stilberatung. Hierbei zeigt eine Stilberaterin die Farben und Farbtöne, die zu einem passen. Der Kleiderschrank wird durchgesehen, und man bekommt den Blick dafür geschärft, wie man sich vorteilhaft kleiden kann. Das hat schon mancher Frau geholfen, sich besser anzunehmen. Auch die Frisur kann neu gestaltet werden.

Manchmal scheint mir etwas Schminke wichtig. Ich war früher ein Feind solcher »Unnatürlichkeiten«. Auch heute noch liebe ich es »natürlich«. Aber Natürlichkeit kann einem ganz schön zu schaffen machen. Da ich einen blassen Teint habe, wurde ich häufig gefragt: »Geht es Ihnen nicht gut? Sie scheinen krank zu sein! Ich habe den Eindruck, Sie müssten mehr an die Luft!« Oder aus dem Bekanntenkreis kam der liebevolle Hinweis: »Nimm unbedingt Vitamine zu Dir! Tu Dir was Gutes und kauf Dir ein Stärkungsmittel!« Das war sicher gut gemeint. Doch nach solchen Bemerkungen fühlte ich mich manchmal so krank, wie die Leute mich gemacht hatten.

Heute passiert das selten, eigentlich nur, wenn ich vergessen habe, etwas Rouge aufzutragen. Trage ich gelegentlich ein wenig zu viel auf, kommen sogar Komplimente: »Heute sehen Sie aber gut aus!« Spätestens beim zweiten Kompliment nehme ich mir vor, mich zu Hause im Spiegel auf mein Rouge hin zu untersuchen.

Gefühlsmäßig geht es mir dabei weit besser als bei den gutgemeinten Ratschlägen im Hinblick auf mein »schlechtes« Aussehen.

Unser Äußeres liebevoll, doch nicht übertrieben zu pflegen, ist ein Ausdruck des Respekts dem gegenüber, der uns geschaffen hat.

Mich »riechen« können

Mich leiden können, dazu tragen Düfte bei. Ich merke, dass ich viel leichter ins Schwitzen komme als früher und dass sich Körpergerüche intensiver bemerkbar machen.

Außer Seife benutze ich jetzt gerne einen Deostift und achte darauf, öfter meine Unterwäsche zu wechseln, wenn nötig auch zweimal täglich.

Das hilft mir, mich besser riechen zu können.

Und Parfum habe ich entdeckt. Ich benutze nicht viel davon, und nur, wenn ich daran denke – an Tagen, an denen ich mich nicht so gut annehmen kann. Um nicht ein Loch in die Haushaltskasse zu reißen, wünsche ich mir Parfum zu Weihnachten oder Geburtstag. Mein Mann kennt schon meinen Duft, am liebsten nach Blüten, zart, unaufdringlich. Mit diesem Duft umgebe ich mich mit meiner persönlichen Blumenwiese.

Als ich einer Frau, die sich gar nicht »riechen« konnte, den Rat gab, sich ein Parfum zu kaufen, reagierte sie entsetzt: »Meine Lehrerin sagte früher immer zu mir, Natürlichkeit ist die größte Schönheit. Möglichst alles natürlich belassen, war ihre Devise, die ich übernommen habe.« »Das dürfen Sie gerne«, entgegnete ich schmunzelnd. »Aber bitte ersetzen Sie dann auch natürlicherweise nicht Ihre herausfallenden Zähne! Ihr Wohlgefühl wird ständig weiter steigen!«

Wenn ich bei Fußproblemen ein Fußbett wähle oder als Hilfe für Krampfadern Stützstrümpfe trage, ist mein inneres Gleichgewicht nicht weniger wichtig.

CHECKLISTE

- Wie viele Gedanken mache ich mir über meinen Körper?
- Vernachlässige ich ihn?
- Habe ich ihn zu sehr zum Mittelpunkt gemacht?
- Führe ich ihm die Nahrung zu, die ihn aufbaut?
- Lebe ich bewusst, damit Vitamine und Nährstoffe ihn gesund erhalten?
- Überfordere ich ihn nicht durch ständige Arbeitsüberlastung?
- Gebe ich ihm genügend Schlaf, um sich zu regenerieren?
- Halte ich ihn fit, indem ich wenigstens einmal pro Woche Gymnastik mache?
- Gebe ich meiner Haut etwas Creme, weil sie jetzt weniger Fett produziert?
- Unterstütze ich meinen Kreislauf, indem ich täglich ein paar mehr Treppen laufe, als notwendig wären?
- Ein täglicher Zehn-Minuten-Spaziergang bei jedem Wetter ist das mindeste, um die Sauerstoffzufuhr zu vergrößern.
- Nehme ich genügend Flüssigkeit zu mir, damit mein Darm und meine Nieren die Giftstoffe ausscheiden?

Gott freut sich, wenn seine Kinder sich freuen. Welch ein liebender Vater! Ich schmücke mich für ihn und danke ihm mit meinem Lied.

»Für das Maß seiner Begabung ist der Mensch nicht verantwortlich, wohl aber dafür, wie er die ihm verliehenen Gaben ausgebildet und verwendet hat.«

Daniel Sanders

Meine Seele ernähren

Die Seele ist wohl am meisten von dieser Phase des Älterwerdens betroffen. Oft trauert sie vor sich hin, und wir wissen kaum, wie wir mit uns selbst umgehen sollen.

Ich stehe morgens sehr schwer auf. Oft habe ich den Eindruck, die Nacht habe erst richtig begonnen und ich hätte noch gar nicht geschlafen. Bevor ich mich dazu überwinde, aufzustehen, kuschle ich mich noch einen Moment unter die Decke. Dann strecke ich alle Glieder aus, mache mich lang, igle mich ein und strecke mich wieder. Meist bin ich dann bereit, weiterzumachen.

Es hilft mir, mich jeden Tag auf etwas Kleines zu freuen. Sei es, dass ich ein gutes Buch begonnen habe und darin weiterlese, oder mir Zeit nehme, ein wenig Klavier zu spielen. Jeden Tag plane ich einen kleinen Freiraum zum Freuen. In dieser Zeit des Älterwerdens hat man selten Kinder, die liebevoll mit einem umgehen. Entweder sind sie schon aus dem Haus, oder sie stecken mitten in der Pubertät und sind zu sehr mit sich selbst beschäftigt. Die »Komplimente«, die man bekommt, sind eher niederschmetternd. So versuchte unser Vierzehnjähriger, mich davon abzuhalten, zum Elternabend in der Schule zu gehen. »Hast du irgend etwas angestellt, was ich nicht wissen soll?,« fragte ich ihn schließlich, als er mich immerzu hindern wollte. »Ach, Mama«, gestand er schließlich, »ich wollte es dir eigentlich nicht sagen, aber du bist mir einfach zu dick. Die anderen in meiner Klasse haben viel schlankere Mütter.«

Wenn von außen keine Streicheleinheiten kommen, dürfen wir uns selbst welche schaffen. Für mich ist ein schönes Konzert wie eine Streicheleinheit für meine Seele. Für jemand anderen kann es ein Theaterstück oder ein Kinobesuch sein.

Auch eine Tasse Kaffee mit einer lieben Freundin ist eine Streicheleinheit, vor allem, wenn man sich vornimmt, einfach nur über frohmachende Ereignisse zu reden.

Belegen Sie einen Abend bei der Volkshochschule, und lernen Sie die Sprache, für die Sie sich immer schon interessiert haben. Oder fangen Sie an, Musikunterricht zu nehmen. Eine Bekannte von mir begann mit 70 Jahren, Französisch zu lernen, und eine andere mit über 50 Jahren erfüllte sich einen Kindheitstraum, indem sie sich ein Klavier kaufte und jetzt Unterricht nimmt.

Die meisten Menschen essen, wenn sie Hunger verspüren.

Was tun wir, wenn unsere Seele Hunger hat? Die wenigsten Menschen wissen damit umzugehen. Zwar merken alle, wenn ihre Seele unterernährt ist, aber viele geben die Verzweiflungsschreie ihrer Seele weiter, ohne ihr eine Mahlzeit zu reichen.

Genauso wie unser Körper Nahrung braucht, muss unsere Seele regelmäßig ernährt werden. Sonst stumpft sie ab, wird anfällig für Krankheiten, oder leidet vor sich hin unter ständiger Unterernährung. Die Nahrung kommt selten von allein. Wir müssen sie selbst besorgen und unsere Seele damit füttern.

Dazu gehören alle Dinge, die uns Freude bereiten.

Tanz! Dazu brauche ich nicht einmal einen Tanzkurs. Mich einfach zur Musik ein wenig bewegen. Meine Arme heben, um Gott zu preisen. Ein paar Schritte im Takt gehen, mich im Kreis drehen. Mich freuen darüber, dass mein Körper in Harmonie mit der Musik ist.

Unvergängliches schaffen ist angesagt, besonders bei Menschen, die durch Beruf und Haushalt in einer ständigen Tretmühle stecken. Ein paar Zweige schön zusammenstecken, einen Schal stricken, ein Deckchen sticken, ein bißchen Ton nach Feierabend zwischen den Händen kneten und formen...

CHECKLISTE FÜR DIE SEELE

- Erfreue ich mich selbst mit etwas Musik?
- Eine gute Kassette sollte immer bereit liegen.
- Spiele ich selbst ein Instrument? Wenn ja, sollte ich es nicht in der Ecke verstauben lassen, sondern es mindestens zweimal pro Woche zur Hand nehmen und ein paar Takte spielen.
- Oder könnte ich noch ein Instrument lernen?
  Dabei geht es nicht um Vollkommenheit, sondern um die innere Freud und Herausforderung.
  Gott gab uns die Gabe, nicht nur reden, sondern auch singen zu können. Singen ist ein Aufbaumittel für die Seele. Es kommt nicht auf guten Gesang an, sondern darauf, dass das Herz dabei ist.
  Nutze ich diese Gabe täglich?
- Gute Literatur, die weiterführt, aufbaut, frohmacht, auch das sind Streicheleinheiten für die Seele.
  Habe ich immer ein gutes Buch am Bett liegen?

Jemandem Freude bereiten, der es nicht erwartet. Einen kleinen Gruß senden, einen Telefonanruf: »Wie geht's?«, einen Blumengruß vorbeibringen. Das ist Freude, die uns selbst ansteckt.

Zur Seelenpflege gehören ebenfalls liebevolle Einladungen. Laden Sie nicht nur »Problemfälle« ein, sondern pflegen Sie auch den Umgang mit Menschen, die Sie aufbauen.

Gönnen Sie sich einmal pro Woche eine Blume oder einen ganzen Blumenstrauß. Pflegen Sie diese kleine Vergänglichkeit, und freuen Sie sich daran, wie Gott solche Freuden schafft, obwohl sie vergänglich sind.

Liebe zur Natur, Verweilen an der kleinen Blume, Staunen über einen Käfer, das bewahrt uns den Blick für die Wunder, die sich täglich ereignen, trotz allem Traurigen, das geschieht.

Meinen Geist in die Gegenwart Gottes bringen

Wer die Gemeinschaft mit Gott pflegt, dessen Leben wird immer mehr geordnet, nämlich in die Ordnung Gottes gebracht, wozu es bestimmt ist.

In dieser Lebensphase scheint mir die Gemeinschaft mit Gott das Wichtigste zu sein. Mancher aber stößt gerade hier auf ungeahnte Schwierigkeiten. Gott erscheint einem lebensnotwendig wie nie zuvor und zugleich oft so weit entfernt, wenn einen die eigene Hilflosigkeit überrollt. Wo ist er dann, der liebende Gott, der uns immer versteht, auffängt, trösten will?

Es ist, als würde unser Glaube neu von uns gewogen, geprüft, untersucht.

Alle Form fällt weg. Nach dem Inhalt wird gefragt!

Ich habe in dieser Phase des Älterwerdens eine Art von Einsamkeit erlebt, für die ich keine rechten Worte finden kann. Es ist wie ein tiefes Loch, in das ich gelegentlich hineinfalle und aus dem es keine Fluchtmöglichkeit gibt. Zudem habe ich den Eindruck, als gäbe es gar keinen Menschen auf der Welt, der mich verstünde. Selbst Gott scheint mir manchmal so unerreichbar.

In solchen dunklen Stunden gehe ich ins Schlafzimmer, breite meine Decke über mich, mache mich ganz klein und möchte am liebsten nicht mehr dasein. Alles ist mir zu groß, zu schwer und nicht zu bewältigen. Vor mir tut sich eine Tiefe auf, die mich verschlingen will.

Oft rufe ich leise den Namen Jesus. Denn in Gottes Wort steht: »Wer den Namen des Herrn anrufen wird, wird gerettet werden« (Apg 2,21). Aber nicht immer erfahre ich Hilfe, wie ich sie erwarte. Das ist nicht einfach hinzunehmen von dem Gott, der in so vielen Situationen meines Lebens spürbar eingegriffen hat.

Doch neulich, als ich wieder »abstürzte«, spürte ich seine Hand unter mir. Ich fühlte seine Nähe auf eine solch tröstliche

Weise, dass ich nur wie Thomas sagen konnte: »Mein Herr und mein Gott!« (Johannes 20,28).

Die Bibelstelle aus Hebr. 7,25 tröstet mich besonders. Dort heißt es von Jesus, dass er immerdar für uns bittet.

Keiner von uns ist wirklich alleingelassen. Er, unser Herr, bittet unaufhörlich für uns, dass unser Glaube nicht aufhöre (Lukas 22,32) und dafür, dass uns Hilfe zuteil werde.

Nicht immer lese ich ein ganzes Kapitel in der Bibel. Manchmal kann ich gar nicht soviel aufnehmen. Gott kommt es nicht auf meine »Leistung« an. Aber irgendeinen Vers lasse ich auf mich einwirken, nehme ihn in mich auf. Die Losungen der Brüdergemeinde sind mir eine besondere Hilfe. Ich lese den morgendlichen Text im Bett. Auf meinem Schreibtisch steht dieser Text wieder in einer Box. Oft merke ich, wie Gott solche Texte gerade für meine Lebenssituation ausgewählt hat. Das ist sehr tröstlich.

Gemeinschaft mit Menschen, die Jesus liebhaben, ist mir besonders wertvoll. Quellenerörterungen und Politisierung helfen mir nicht weiter. Und Streitfragen um gewisse Texte sind ermüdend. Aber tröstliche Worte Gottes sind Stärkung und innere Freude. Auch Lieder sprechen mich besonders an.

Das alte Lied »So nimm denn meine Hände« hat besondere Bedeutung gewonnen. Der zweite Vers heißt:

Wenn ich auch gleich nichts fühle von deiner Macht. Du führst mich doch zum Ziele, auch durch die Nacht. So nimm denn meine Hände und führe mich bis an mein selig Ende und ewiglich.

GEISTLICHE CHECKLISTE

- Lese ich Gottes Wort mit der inneren Vorfreude, zu hören, was er mir persönlich heute sagen will?
- Welches Wort nehme ich mit in den Tag?
- Habe ich Gott meine Sorgen anvertraut?
- Traue ich ihm zu, dass er für mich sorgen wird?
- Will Gott mich heute vielleicht zu einem Menschen schicken, um ihn zu trösten oder zu stärken?

- Wo habe ich Gott betrübt durch mein Verhalten, Denken oder Reden? Bewusst vergeben lernen. Das ist ein Willensakt. Wir dürfen uns durch unsere Seele nicht dabei irritieren lassen, sondern müssen sie immer wieder in die Schranken weisen.
- Was ist mein nächster Schritt?

»Mit was wir uns beschäftigen, das beschäftigt uns«, pflegt mein 81 Jahre alter Musiklehrer zu sagen. Womit ein Mensch sich beschäftigt, das strahlt er aus. Ob ich einen Fußballfan treffe oder einen Autofanatiker, einen, bei dem sich alles um Mode oder um Geld dreht: Was dem Menschen Mittelpunkt seines Lebens ist, darüber wird er reden wollen und sich dabei wohlfühlen.

Wer sich mit Gott beschäftigt, dessen Denken wird sich mit ihm befassen, und er wird es ausstrahlen. Das heißt noch lange nicht, dass man vollkommen sei.

Für mich gehören Bibellesen und Gebet nicht zu meinen Pflichten, sondern zu meiner inneren Freude.

Wenn ich auf Gott höre, zeigt er mir die Richtung, die ich einschlagen soll. Dann kommt es zu weniger Verirrungen und weniger Verzweiflung. Denn er ist der Herr des Himmels und der Erde. In der Verbindung mit ihm stehen mir die besten Helfer zur Seite, nämlich seine Engel (Ps 91).

Was uns aufbaut und jung erhält

Gottvertrauen
Geborgenheit in Jesus
Gebet
Dankbarkeit
Buße (Luther sagt dazu: »Buße ist ein Fröhliches Geschäft«)
Gesang
Lob
Bereitschaft zum Geben (Lk 6,38)
Mitleid mit anderen (lenkt von mir weg zum Du)
Bibellesen

Ruhepausen einlegen

»Wann macht ihr eigentlich einmal frei oder habt Urlaub?« fragte uns eine Bekannte, als wir mit ihr zusammen einen Termin suchten, um uns zu treffen.

Da wurde mir bewusst, wie wenig ich meiner Seele die Möglichkeit zum Spaziergang und Eindrücke-Verarbeiten gebe. Vielleicht kommt deshalb so vieles durcheinander, weil keine Zeit ist, Erlebtes zu sortieren und aufzuarbeiten.

»Streicheleinheiten« für unsere Seele sind notwendig, damit wir uns selbst nicht verlieren. Trotz Arbeit müssen wir Ruhestunden einlegen – nicht erst, wenn alles erledigt ist. Wir müssen lernen, Dinge »schleifen zu lassen«, d.h. sich im Durcheinander ein bequemes Plätzchen zu schaffen und ein Buch hervorzuholen, das man lange schon lesen wollte. Ohne Schuldgefühle ein Puzzlespiel legen, ein Kreuzworträtsel lösen, eine schöne Kassette dabei hören ...

Gelegentlich gönne ich mir einen solchen Morgen. Und letztlich ist diese scheinbar verlorene Zeit gewonnene Zeit. Es ist wie ein »Baumeln-Lassen« der Seele, die danach mit größerer Freude wieder an die Arbeit geht.

Tun und lassen sind gleicherweise wichtig für die innere Stabilität. Wir sind geschaffen zur Arbeit und zum Ausruhen, sagt eines der Zehn Gebote: »Sechs Tage sollst du arbeiten, ... aber am siebten Tag ist der Tag des Herrn. Da sollst du kein Werk tun ...« (2. Mose 20, 8–11; 5. Mose 5, 12–15).

Gott gönnt uns nicht nur das Ausruhen. Er gebietet es uns sogar! Er kennt uns besser, als wir uns selbst kennen. Er weiß, dass wir bei ständiger Arbeit die innere Mitte verlieren: ihn und uns selbst. Wenn Arbeit zum Lebensinhalt wird, verliert der Mensch seine Bedeutung. Er wird nur noch an seiner Leistung gemessen. Es gab mir zu denken, als neulich einer unserer Teenager zu mir sagte: »Mama, so wie ihr lebt, möchte ich nie leben. Ich brauche viel mehr Zeit für mich selbst.«

»Lassen« ist für aktive Menschen oft schwieriger als »tun«. Gott schenkt uns das Älterwerden als Gnade, damit wir nicht an unserem Leben vorbeileben. Das Abnehmen der Kraft zwingt uns, Atempausen einzulegen. Gott sei Dank!

Freundschaften pflegen

In dieser Lebensphase der Veränderung scheint es mir besonders bedeutsam zu sein, Freunde zu haben. Mir ist, als habe Gott mich in der Zeit über 40 zwei Frauen begegnen lassen, für die ich besonders dankbar bin.

Beide sind etwa in meinem Alter.

Die eine suchte ich mir aus, als wir ein Seminar hielten. Diese Frau gefiel mir wegen ihrer Herzlichkeit und ihrer Sachlichkeit. Wahrscheinlich vereinte sie die beiden Elemente, die unsere Ehe ausmachen.

Mit ihr treffe ich mich nur selten. Aber wenn es bei mir brennt, ist sie bereit, beim Löschen zu helfen. Das kann zweimal pro Jahr sein, gelegentlich mehr. Diese Frau hat die Gabe, mit mir zu sortieren und im Dschungel meiner Gefühle Wichtigkeiten herauszufinden. Sie nimmt mich ernst und hört sehr aufmerksam zu. Statt mich zu korrigieren, stellt sie mir meist nur eine bis zwei Fragen, deren Beantwortung sie mir überlässt.

Wenn Schuld mich bedrückt, Versäumnisse mich plagen, höre ich das tröstliche Wort der Vergebung aus ihrem Mund und weiß, dass ich es als Gottes Wort annehmen kann.

Die andere Frau führte Gott mir zu. Sie hörte vor Jahren einen Vortrag von mir und hatte Freude, mich bei Vorträgen zu begleiten. Inzwischen gehört sie schon zu unserer Familie. Sie ist mir ein rechtes Geschenk Gottes. Mit ihr kann ich ganz unsortiert über alles reden. Wir verstehen uns häufig ohne Worte. Wir sind etwa gleich alt. Sie ist unverheiratet und erlebt diese jetzige Lebensphase anders als ich. Ich staune darüber, wieviel Kraft sie hat und wie leicht sie manches anpackt, was mir wie ein Berg erscheint. Gott hat wohl mit jedem Menschen seinen eigenen Weg. Und so, wie wir von ihm als Originale geschaffen sind, erleben wir auch individuell unser Leben. Ich habe im Laufe der Jahre gelernt, mich an der Vielfalt ihrer Begabungen zu freuen, ohne zu stöhnen, dass mir manches davon fehlt. Wahrscheinlich fällt uns die Zufriedenheit im Zusammenleben besonders schwer, wenn wir selbst Grenzen haben, die andere mühelos überspringen.

Seit ich das Danken für ihre Gaben gelernt habe, kann ich mich richtig daran freuen.

In der Bibel finden wir in Sprüche 18,24 : »Ein echter Freund hält fester zu dir als ein Bruder.«

Musik als Therapie für die Seele

Im Alten Testament lesen wir von König Saul. Er hatte ein aufbrausendes Wesen und war oft depressiv. David, zu der Zeit noch ein Hirtenjunge, wurde angestellt, um ihm auf der Harfe vorzuspielen und Lieder zu singen. Wir lesen, dass David immer zum König gerufen wurde, wenn dieser außer sich war. Und fast immer gelang es David, den König mit seinem Spiel zu beruhigen.

Musik ist ein Therapeutikum, das sich besonders für depressive Menschen eignet. Der Klang einer Harfe, aber auch der Gesang, kann einen Menschen aufrichten, ihm einen neuen Lebenswillen vermitteln. Musik kann entspannend, tröstend, heilend wirken. Sie kann munter machen, in Stimmung bringen, anregend wirken.

Für mich selbst ist nicht nur die Musik entscheidend, sondern besonders die Texte. Mit Melodie verbunden, lernen wir wesentlich schneller auswendig als ohne. Weil beim Älterwerden häufig die Vergesslichkeit zunimmt, sind Lieder wertvoll. Außerdem prägen sich Texte manchmal so tief ein, dass sie einen über Tage hinweg begleiten. Liedtexte sind in dunklen Stunden die großen Begleiter meines Lebens geworden.

Seit ein paar Jahren nehme ich Gesangsunterricht. Obwohl ich es nicht so intensiv betreiben kann, wie ich es gerne möchte, sind mir viele Lieder und Stücke dabei vertraut geworden. Dabei liebe ich besonders Händels Messias: »Tröstet, mein Volk« – und »Ich weiß, dass mein Erlöser lebt«. Sie heben mich über manche Sorge hinaus, hin zu Gott, der alles vermag.

Auch das Singen im Chor ist Therapie für die Seele. In unserem Nachbarort hat sich ein Chor gebildet. Darin sind manche unvollkommene Sänger, die aber mit einer solchen Hingabe singen, wie ich es selten erlebt habe. Sie sind durch ihren persönlichen Austausch miteinander wie eine große Familie zusammengewachsen.

Diese Sänger sind auf eine andere Weise vollkommen in einer Gabe der Herzlichkeit, die manchen ausgewogenen, perfekten Chören fehlt.

Wenn ich mich belastet fühle, lege ich oft schon am Morgen meine Lieblingskassette auf und versuche, ab und zu mitzusingen. Es ist eine ähnliche Aufforderung an meine Seele, wie David sie im 103. Psalm formuliert: »Lobe den Herrn, meine Seele, und vergiss nicht, was er dir Gutes getan hat!« Es ist wie ein Aufruf an meine Seele, mich dessen zu erinnern, was Gott in meinem Leben schon verändert und wie oft er schon durchgeholfen hat.

Gute Musik wirkt aufbauend, manchmal sogar reinigend. Bei mancher Musik kann ich sogar Gefühle aufarbeiten.

Sie ist das Instrument, das die Stimmungen meiner Seele ausdrückt. Sie motiviert mich zum Singen und zum Weinen.

Dabei bevorzuge ich ruhige Instrumentalmusik, die meiner Seele beim Nachdenken hilft. Es gibt Musik, die mich zum Weinen bringt, und das ist so erleichternd, weil ich herausgeben darf, was mich tief drinnen bedrückt und wofür ich manchmal keine Worte habe. Es ist das Empfinden der Vergänglichkeit, der Traurigkeit, der Verletzungen. Mir kommt es vor wie ein Verbandswechsel einer Wunde: Es schmerzt und tut doch gut.

Wenn niemand mit mir weint, darf ich es selber tun. Wenn keiner meinen Schmerz sieht, darf ich ihn doch wahrnehmen!

Keiner? »Du bist der Gott, der mich sieht«, sagt Hagar, auf ihrem schweren Weg mit Ismael in der Wüste (1. Mose 16,13).

Wüstensituation, das ist Trauer. Hunger und Durst in der Seele, leer, einsam, verzweifelt, ausweglos, verloren...

Letztlich sind wir alle allein. Im tiefsten Grunde kann kein Mensch den anderen in seiner grenzenlosen Sehnsucht nach dem Du verstehen. Aber der ihn erschaffen hat, kennt ihn. Er hat ihn gemacht. Er hat mich gemacht. Er kennt mein tiefstes Wesen. Und durch Jesus stieg er hinab in die Grube meiner Ängste, um mich zu verstehen.

Ich höre ebenfalls gerne Musik, wenn ich Ermutigung brauche. Dann bevorzuge ich Musik, in der ich Mut bekomme, Gott zu vertrauen. Es gibt Texte, die mir tagelang nachgehen und wie Sterne die Nacht meiner inneren Not erleuchten.

Gefühle aussprechen lernen, nicht nur leiden

Wir müssen als Frau lernen, unsere Bedürfnisse auszusprechen. Nicht vorwurfsvoll, sonst geht der Ehepartner in Verteidigungsposition. Aber es muss eindeutig und klar sein.

Ich habe mit vielen Frauen zu tun, die mit dem Aus-dem-Haus-Gehen der Kinder ihre Identität verlieren. Geringe Anerkennung, Alltagstrott und das Gefühl, nicht mehr gebraucht zu werden, fallen gewöhnlich mit dem Erwachsenwerden der Kinder zusammen. Man fühlt sich mißbraucht, nur gefragt, wenn etwas gewünscht wird. Diese innere Unerfülltheit, die mit depressiven Verstimmungen einhergehen kann, wird vom Ehepartner selten verstanden oder aufgefangen. »Es ging zwanzig Jahre gut«, ließ mich ein Ehemann wissen. »Wo ist jetzt das Problem?! Zwanzig Jahre war sie mit mir zufrieden. Plötzlich bin ich an ihrem ganzen Unglück schuld.«

»Es ist nur der Feminismus«, schimpft ein anderer Mann. »Da werden Gefühle geweckt, und die Frauen steigen voll darauf ein.« Diese Missverständnisse müssen in immer neuen Gesprächen geklärt werden. Und man sollte sich nicht davor scheuen, Hilfe von Dritten zu suchen.

Vom Zu-Lassen

Aus meinem Tagebuch:

Meine Seele weint oft still vor sich hin. Es tut mir gut, sie einfach zu »lassen«. Ich lasse es zu, dass sie sich bei mir ausweint. Sie ist wie ein Spiegel. Sie zeigt mir, was in meinem Innern vor sich geht. Sie informiert mich über meine Gefühle. Ich bekomme durch sie Zutritt zu meinem eigensten, innersten Wesen. Sie teilt mir mit, dass ich noch lebendig bin und deshalb die Fähigkeit habe zu fühlen. Ich freue mich darüber, obwohl ich dann und wann auch leide.

Es ist gut, eine Seele zu haben, die sich bemerkbar macht. Doch es ist auch manchmal schwer, weil zu oft fühle ich mich durch sie manipuliert. Ich möchte mich mit ihr auseinandersetzen, indem ich Erlebtes mit ihr sortiere. Aber dabei macht sie sich manchmal selbständig.

Sie gibt mir Einflüsterungen, die ich nicht loswerde, Sie kann mich regelrecht blockieren, verfolgen, ängstigen. Meinem Herzen legt sie Fesseln an. Sie bringt es fertig, dass mein Körper nicht weitermachen will.

Ich merke, dass Leib, Seele und Geist in Abhängigkeit voneinander leben. Geht es mir körperlich nicht gut, bin ich seelisch weniger belastbar, schneller gereizt. Denn meine Seele leidet mit.

Umgekehrt ist es ähnlich. Falls ich innerlich durch eine Not oder Traurigkeit gehe, kann ich körperlich weniger leisten.

Dabei spielt meine Beziehung zu Gott eine entscheidende Rolle. Je nachdem löst dieselbe Situation Verzweiflung oder Hoffnung aus.

Verzweiflung:

a. Körperlich, wechselwirkend auf die Seele:

Ich packe meine Arbeit nicht. Der Berg erdrückt mich. Ich werde es nie schaffen! Es wird immer mehr eskalieren, bis das totale Chaos eintritt. Meine Kraft reicht nicht. Warum gibt Gott mir nicht mehr Kraft?

b. Seelisch, wechselwirkend auf den Körper:

Diese Schwierigkeiten werden mich erdrücken. Ich werde daran scheitern. Es wird sich nie wieder ändern. Alles wird nur schlimmer werden. Gott kann mir jetzt nicht helfen! Letztlich interessiert er sich nicht für mich. Sonst würde er jetzt eingreifen!

Bei diesen Reaktionen gebe ich meinen Gefühlen recht. Ich gehe von den Gesetzen dieser Welt aus. Ich blicke mit meinen menschlichen Augen auf ausweglose Situationen.

Hoffnung:

a. Körperlich, wechselwirkend auf die Seele:

Die Arbeit ist unüberschaubar. Menschlich ist sie nicht zu bewältigen. Aber ich traue Gott zu, dass er mir beisteht. Ich weiß, dass er mir durchhelfen wird.

b. Seelisch, wechselwirkend auf den Körper:

Diese innere Verzweiflung will mich lähmen. Ich sehe keinen Ausweg.

Menschlich gesehen gibt es keinen Weg; aber Gott kennt Wege, die ich nicht kenne. Er weiß den Weg. Ich vertraue ihm.

Hier sage ich meinen Gefühlen, dass ich sie sehr gut wahrnehme, teile ihnen jedoch ebenfalls meine Zuversicht mit, dass Gott größer ist als meine körperliche Schwachheit und größer als meine innere Verzweiflung.

Häufig ist der Umgang mit Gott gestört, falls äußere Nöte unüberwindbar scheinen.

Gerade Frauen verknüpfen Ehe- und Persönlichkeitsprobleme mit Gott. Das Bild Gottes als das des liebenden Vaters gerät ins Wanken. Die Ganzheitlichkeit, die die Frau in vielen Lebensbereichen erfährt, wirkt sich hier ungünstig aus. Das Gefühl der Verlassenheit ist deshalb so groß, weil man sich nicht nur von Menschen, sondern auch von Gott nicht getragen fühlt.

Hier darf ich als Frau neu dazulernen, dass Gott größer ist als meine Gefühle. An dieser Stelle setzt mein bewusster Wille ein, der meinen Gefühlen sagen muss, dass ich Gott mehr zutraue als ihrem Gejammer.

Diesen Prozess werde ich wohl nie ganz im Griff haben. Es wird eher immer neu eine Art Kampf bleiben, in dem ich meinen Gefühlen ihren Platz zeige. Aber genau deshalb hat Gott uns Frauen auch einen Willen gegeben.

Trotz vieler Aufgaben an andere denken

...weil anderen helfen heißt, die Freude ins eigene Herz holen. John C. Cornelius sagte: »Wenn man seinem Nächsten einen steilen Berg hinaufhilft, kommt man selbst dem Gipfel näher.«

Durch die Kraftlosigkeit bedingt, fällt mir vieles im Moment schwerer. Ich fühle mich schneller von anderen gelebt, durch andere in die Enge getrieben, genervt.

Deshalb muss ich mehr Pausen einlegen. Das ist einfacher gesagt als getan. Vieles muss erledigt werden, und ich kann es mir nicht aussuchen. Durch die vielen Kinder, die noch bei uns leben, geht die Arbeit nicht aus. Aber ich versuche doch, manches einzubauen, was mir das Gefühl gibt, nicht nur gelebt zu werden, sondern selbst mein Leben zu gestalten.

Heute musste unser Kater kastriert werden. Das ist eines von den Dingen, die ich schon viel zu lange vor mir hergeschoben habe. Oft bin ich zu barmherzig und muss unter den Folgen meiner Nachsicht leiden. Wegen »Zeichnung« durch den Kater (mittels seiner Duftdrüsen) musste ich einen Wäschekorb voll gebügelter Wäsche noch einmal waschen. In der nächsten Woche musste ich wegen derselben Geschichte den großen Teppich aus dem Wohnzimmer für Tage ins Freie hängen...

Ich merke, wie ich im Laufe der Jahre in Vielem nachsichtiger geworden bin. Manches davon hat mir leider eine Menge zusätzlicher Arbeit eingebracht.

Aber ich merkte nun endlich, dass das Tier operiert werden musste, damit das Zusammenleben mit ihm ungestört verlaufen könnte. Das war zunächst mit neuen Aufgaben verbunden; der Kater musste zum Tierarzt gebracht werden. Und das passte überhaupt nicht in meinen vollen Terminkalender.

Was mich besonders störte, war die lange Zeit des Wartens dazwischen. Wie konnte ich diese Zeit sinnvoll nutzen? Es lohnte sich bei dem langen Anfahrtsweg einfach nicht, wieder für eine Stunde nach Hause zu fahren. Da fiel mir das in der Nähe gelegene Krankenhaus ein. Ich erinnerte mich, gehört zu haben, dass eine alte Dame aus meiner früheren Nachbarschaft dort eingeliefert worden sei.

So besuchte ich sie in der Zwischenzeit, brachte ihr ein paar Blumen und sang ihr das Lied: »Gott wird dich tragen« vor. Die Dankbarkeit, Freude und das Glück, die aus den Augen dieser Frau strahlten, sind einfach unbeschreiblich. Die Frau lebte richtig auf. Und ich mit ihr. Ich konnte ein klein wenig mit ihr ihr schweres Los tragen; aber was ich dafür erhielt, war ein Stück Gipfelerlebnis. Ich selbst wurde dankbar für meine Gesundheit und konnte schließlich mit ganz anderen, frohen Gedanken nach Hause gehen.

Freude, die wir jemandem bringen, kommt meist wie ein Bumerang zu uns zurück. Vielleicht ist es Gott selbst, der dabei sichtbar wird, wenn wir irgendwo ein Licht hintragen: Hinterher strahlt es in uns umso heller.

Es ist über dreißig Jahre her, dass mir jemand ins Album schrieb: »Wenn du einmal sehr traurig bist, sodass du denkst, kein Mensch könne dich trösten, tue jemandem etwas Gutes, und gleich wird es besser werden.«

Ich weiß nicht, von wem dieser weise Spruch stammt, aber ich merkte ihn mir. Freude multipliziert sich, wo immer wir sie auch hintragen.

Wer tröstet, wird mitgetröstet.

Viele Menschen kommen zum Gespräch zu mir, um Sorgen und Probleme durchzusprechen. Nun war ich manchmal zuvor selbst verzagt wegen einer Lebensführung oder einer anderen Traurigkeit, sodass ich den Termin lieber abgesagt hätte. Wenn es schließlich klingelte, wischte ich meine Tränen ab und hörte die Not der anderen an. Und jedes Mal war ich nach solch einem Gespräch selbst getröstet.

Welch einen treuen Gott haben wir! Wir dürfen geben, weil wir wissen, dass er für uns sorgt. Und indem wir geben, werden wir selbst satt.

Dankbar werden

Bruno Borgel sagt: »Die Kunst des Lebens besteht darin, die kleinen Freuden überhaupt zu sehen, zu finden und zu empfinden.«

Genau darin liegt das Geheimnis der Dankbarkeit. Der Dankbare lässt sich die Augen für die kleinen Freuden öffnen und trägt sie als Dank zu Gott.

Vor einiger Zeit durfte ich in einem Chor ein Solo singen. Durch die Proben kam ich mit einigen Menschen ins Gespräch. »Sie sind nicht mehr ganz jung«, sprach ich eine ältere Dame an, »aber Sie haben eine Ausstrahlung von Lebensfreude, die erfrischend jung ist.« – »Denken Sie bloß nicht, mein Leben sei unkompliziert gewesen«, erwiderte sie mit einem fast schelmischen Blick.

»Es gab genug Schweres – auch jetzt noch. Ich stehe schon morgens mit Schmerzen auf. Dann sitze ich einen Moment auf dem Bettrand und danke Gott dafür, dass er mir die Kraft geben wird, heute durchzuhalten. Ich danke ihm für alle Tage der Vergangenheit, an denen er mir durchgeholfen hat. Danach danke ich ihm noch für alles, was mir gerade einfällt. Und das ist die Kraft, von der ich täglich lebe, die mich froh macht, obgleich nicht immer nur Frohes geschieht.«

Wer sein Los annimmt, wird dankbar für Kleines.
Wer hadert, wird bitter.
Es sind nicht die Lebensumstände,
sondern wie wir damit umgehen.

Ich habe in meinem ganzen Leben noch keinen dankbaren Menschen erlebt, der nicht auch ein wenig glücklich gewesen wäre. Und keinen Frohen, der nicht auch Dankbarkeit ausgestrahlt hätte. Es gibt immer etwas zu klagen; aber wer will, findet immer etwas zum Danken.

In der Gemeinschaft mit dankbaren Menschen fühlen wir uns wohl – in der Gegenwart unzufriedener Menschen ausgelaugt und ausgesogen. Freude und Dank sind wie Zwillinge.

»Freuet euch mit den Fröhlichen, und weinet mit den Weinenden!« sagt uns Gottes Wort (Römer 12,15).

Und falls es uns selbst nicht gutgeht, dürfen wir bei anderen Trost in Anspruch nehmen.

Dankbarkeit ist im tiefsten Grunde nichts anderes als ein Vertrauensbeweis in die Fürsorge Gottes, trotz der jeweiligen Umstände.

Dankbarkeit ist die Kraft, die das Gute sucht, obwohl vieles uns bedrückt. Wer anfängt, Gott für das Gute zu danken, wird immer einen neuen Grund zum Danken finden. Leider nehmen wir vieles an Gutem erst wahr, wenn es nicht mehr funktioniert. Es gibt viel mehr zu danken, als uns oft bewusst ist.

In Psalm 50,14 ist sogar von einem Opfer des Dankes die Rede als Vertrauensbeweis zu Gott. »Wer Dank opfert, der preiset mich, und da ist der Weg, dass ich ihm zeige das Heil Gottes« (Psalm 50,23).

Gabriel Marcel sagt: »Dankbarkeit ist die Wachsamkeit der Seele, gegen die Kräfte der Zerstörung.«

Tränen als Heilmittel

Mir hilft das Wort aus Psalm 56,9: »Sammle meine Tränen in deinen Krug; ohne Zweifel, du zählst sie.« Wie oft hat Gott mich mit diesem Wort schon getröstet. Er kennt meine Not. Er kennt meinen »Absturz«. Ich darf ihm alles bringen, ihm vorweinen. Er sortiert nicht nach Wichtigkeit, Richtigkeit, Selbstmitleid, Verletzung. Er nimmt mich ganz einfach ernst mit meiner Not. Ich bin ihm wertvoll. Er nimmt mich für voll!

Tränen sind die Verarbeitungsflüssigkeit für die vielen Emotionen, die Gott in uns Frauen hineingelegt hat.

Marianne Kawohl schrieb dazu ein einzigartiges Büchlein: »Ich gestatte mir zu weinen – wie man Traurigkeit durch Tränen überwindet« (erschienen bei Herder). Darin steht u.a.: »Nicht wenige Experten aus medizinischen therapeutischen Berufen vertreten die Hypothese, die gleiche Salzsäure, die in Tränen enthalten sei, sei auch in der Flüssigkeit enthalten, die sich in Magengeschwüren befinde – und Männer leiden, weil sie weniger weinen, bekanntlich häufiger unter Magengeschwüren als Frauen. Weinen ist also für das körperliche Wohlbefinden wichtig.«

Lange Jahre brauchte ich nicht mehr zu weinen. Ich hatte kein Bedürfnis dazu. Aber jetzt, seit ich über vierzig bin, kommen mir oft die Tränen. Es ist fast, als sei ich wieder ein wenig in meine eigene Pubertät zurückversetzt. Ich bin manchmal so empfindlich, dass ich fast darüber ärgerlich bin.

Die Tränen fließen, wenn ich mich zu schwach fühle, um das Mittagessen fertigzumachen ... wenn ich eine traurige Mitteilung lese ... wenn unsere Kinder mich mit Worten verletzen ... Manchmal fühle ich mich diesen Tränen richtig ausgeliefert, weil auch bei Freude können sie mich »überfallen«, und mein Gegenüber schaut mich fragend an.

Sogar beim Vorlesen von wahren Geschichten, in denen Menschen im richtigen Moment geholfen wurde, versagt mir manchmal die Stimme. Dann bieten sich die Kinder an, weiterzulesen – und ich frage mich, was eigentlich mit mir los ist.

Diese Art des Weinens tut mir gut, obwohl es zuweilen peinlich sein kann. Aber grundsätzlich spüre ich, wie es mich erleichtert.

Vielleicht identifiziert sich irgendein Gefühl von mir mit dem Vorgang in der fremden Geschichte und stellt »erleichtert« fest, dass es dort ernst genommen wird?

Es gibt noch eine andere Art des Weinens. Wenn ich mich von dunklen Gedanken fortreißen lasse, drücken sie mich immer tiefer hinunter. Es ist wie ein Sog, der mich in die Tiefe reißt. Es wird mir nicht leichter dabei. Dieses Weinen hilft nicht. Ich fühle mich danach erschöpft, hilflos und alleingelassen.

Wenn ich aber vor Gott weine und mir dabei bewusst bin, dass er mir jetzt zuhört, ist das Weinen Hilfe für mich. Danach ist alle Not bei ihm. Ihm durfte ich alles sagen, ihm mein Herz ausschütten und ihm darf ich vertrauen, dass er mir die Kraft zum Tragen und die Geduld zum Warten auf seine Zeit schenkt.

Ich bin danach müde, aber auch getröstet.

Weinen hat seine Zeit... heißt es in Prediger 3,4. Ich darf meiner Seele Platz und Raum schaffen, um auszudrücken, dass sie leidet. Ich vermittle ihr damit: Ich verstehe dich. Ich weiß, was du leidest. Ich spüre, was dich schmerzt...

Und danach darf ich sie ermutigen und ihr zusprechen, dass Gott ihr bisher geholfen hat und ihr weiterhelfen wird. Genauso verstehe ich den Beginn des Psalmes 103. Davids Seele ist verzagt. Also beginnt er, ihr Mut zuzusprechen: »Lobe den Herrn, meine Seele,... und vergiss nicht, was er dir Gutes getan hat.«

Die Zunahme der Tränen in der Lebensmitte ist Balsam für die leidende Seele, die erneut empfindsam für Verletzungen geworden ist. Die Sensibilität führt zur Aufarbeitung alter Verletzungen und vergangener Schuld. Es ist wie ein zweites Anklopfen Gottes an die Tür der Vergänglichkeit unseres Lebens.

Schmerzlich vermissen manche Menschen die Fähigkeit des Weinens. Eine alte Dame schreibt in einem Brief an mich: »Früher waren mir Tränen oft lästig, weil sie nicht von mir zu kontrollieren waren. Manche Menschen, denen ich meine Gefühle gar nicht zeigen wollte, wurden ungewollt zu Zeugen meines inneren Bewegtseins. Meinen Mann irritierten meine Tränen, und manchmal war es mir nicht möglich, ihm genau zu sagen, warum diese sich selbständig gemacht hatten. Darüber war er dann gelegentlich sogar wütend auf mich. Mit den Jahren verlor sich das Weinen wieder und trat nur gelegentlich auf.

Heute habe ich gar keine Tränen mehr. Ich wusste gar nicht, wie befreiend zuvor das Weinen gewesen war. Wenn mich jetzt ein innerer Schmerz herumtreibt, werde ich ihn kaum los. Es ist, als könne der Körper ihn nicht loslassen. Ich spüre, wie meine Seele darunter leidet, dass sie nicht weinen kann. Heute sehe ich Tränen als einen kostbaren Schatz an, den Gott uns Frauen mit auf den Lebensweg gegeben hat.«

Mit Gottes Durchhilfe rechnen

Je älter ich werde, umso mehr öffnet Gott mir die Augen für Wirklichkeiten. Ich bin überzeugt, dass in vielen Bereichen meines Lebens Engel mir beigestanden haben und dass es viel mehr Bewahrungen gibt, als mir bewusst sind. Gott schickt Engel vor uns her, begleitet uns mit ihnen. In der Bibel wird uns berichtet, dass Engel Botschaften überbringen, wie bei Elisabeth und Maria (Lukas 1), dass sie Schlachten schlagen (Richter 5,20), wie bei Elisa der Berg voll feuriger Rosse stand (2. Könige 6,17), dass sie Wege verschließen, wie bei Bileam mit dem Esel (4. Mose 22, 22–35).

Vieles gelang mir früher scheinbar ganz selbstverständlich, ob es die Vorbereitung eines Kindergottesdienstes, das Spielen auf der Gitarre, das Anstimmen eines Liedes war. Selten misslang es.

Heute muss ich mehr üben als früher, und in vielen Dingen bin ich mehr als zuvor auf Gott geworfen. Dabei entdecke ich viel bewusster, wie viele Wege Gott hat, mir durchzuhelfen. Ich möchte drei Wege nennen, die ich dabei gelernt habe:

Gott um Hilfe bitten. Menschlich mögliche Wege suchen und offene Türen benutzen. Die Sache an Gott abgeben: »Dein Wille geschehe« und vertrauen, dass er das Beste daraus machen wird.

Gerade beim Schreiben dieses Buches erlebe ich neu, wie ich auf Gott angewiesen bin. Ich hatte mich verpflichtet, dieses Buch bis zu einem bestimmten Termin fertigzustellen. Aber über Monate hinweg kamen ständig neue Aufgaben in mein Leben durch Ereignisse, die sowohl mit unserem Dienst als mit unserer Familie zusammenhingen. Die Zeit verstrich, und ich wurde gewahr, dass es unmöglich war, mich an die Arbeit am Manuskript zu machen. Dabei geriet ich unter eine solche Spannung, dass unsere ganze Familie damit ihre Not hatte. Die Arbeit am Manuskript wurde zu einer Last, die ich kaum tragen konnte. Schließlich kam ich an den Punkt, an dem ich erkennen musste, dass es menschlich unmöglich war, es zu bewerkstelligen. Mit dieser Bankrotterklärung fing mein Leben neu an. »Herr«, betete ich, »dieses Buch soll von dir erzählen. Wenn du es für gut hältst, dass es entstehen soll, gib du mir bitte auch die Gedanken. Schick mir deine Engel zu Hilfe. Wenn es aber eine selbst auferlegte Last ist, dann gebe ich dir diese Aufgabe zurück, weil sie gar nicht von dir war – selbst wenn das negative Folgen für mich haben wird.«

Ich merkte, wie nach diesem Gebet eine Riesenlast von mir abfiel. Und plötzlich war ich frei, in großer Freudigkeit an die Arbeit zu gehen.

Ich glaube, dass bei aller Arbeit und allem Schaffen, bei allen Begegnungen und allen Gesprächen Gott uns seine Boten schickt, falls wir ihn bitten. Wir müssen nur eines: Ihm mehr vertrauen, dass Er da ist, selbst wenn es nicht so läuft, wie wir es uns wünschen.

Wir unterschätzen den Dienst der Engel, die Gott als ganze Armeen aussendet, um der Seinen willen. Er bewahrt uns nicht immer vor allem Unangenehmen. Manches lässt er zu, was wir nicht verstehen können. Aber bei Vielem erkennen wir im nachhinein, dass er selbst am Werk war.

Ein Schatzkästlein für dunkle Tage

Für schwere Tage habe ich mir ein Schatzkästlein mit Bibelworten angelegt.

Ich öffne es und nehme mir ein Wort heraus. Da steht beispielsweise auf einem ausgeschnittenen Schmetterling: Ps 139,14: Ich danke dir, dass du mich wunderbar gemacht hast.

Auf einer Blume:
Jer 1,5: Noch bevor ich DICH in deiner Mutter Leib bereitete, kannte ich DICH.

Auf einer Hand:
Jes 49,16: Siehe, in die Hände habe ich DICH gezeichnet.

Auf einem Auge:
Jes 43,4: Weil DU so wert bist in meinen Augen, sollst DU auch herrlich sein. Und ich habe DICH lieb!

Auf einem Siegel:
Jes 43,1: Fürchte DICH nicht, denn ich habe DICH erlöst! Ich habe DICH bei DEINEM Namen gerufen. DU bist mein.

Auf einem kleinen gefalteten Blatt, das von außen wie ein Buch aussieht:
Lk 10,20: Freuet EUCH, dass EURE Namen im Himmel geschrieben sind!

Auf einem Vogel:
Jes 40,31: Die auf den Herrn harren, kriegen neue Kraft, dass sie auffahren mit Flügeln wie Adler.

Auf einer Sonne:
Richter 5,31: Die Gott lieben, werden sein wie die Sonne, die aufgeht in ihrer Pracht.

Auf einem Krug:
Ps 56,9: Sammle meine Tränen in einen Krug; ohne Zweifel, du zählst sie.

Wind und Meer gehorchen ihm!

Warum sollte ich dann zagen? Und mit bangem, trübem Sinn über meine Nöte klagen. Auf dich, Jesus, will ich schauen, Dir erzählen meine Sorgen und voll Hoffen und Vertrauen wandern in ein helles Morgen.

KAPITEL 7

Die neue Lebensphase bejahen

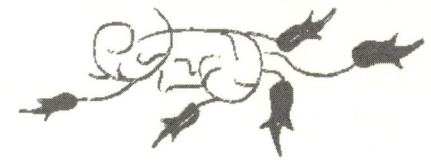

Mit Gefühlen umgehen lernen

Im Älterwerden bekomme ich einen stärkeren Zugang zu meinen Gefühlen. Ich kann besser einordnen, warum sie manchmal »schreien«; ich kann besser verstehen, warum sie sich manchmal so stark gebärden. Ich begreife Verknüpfungen zur Vergangenheit, zu früheren Erlebnissen, zu Verletzungen. Das bedeutet noch lange nicht, dass ich sie »im Griff« habe. Es ist eigenartig, obwohl ich ihnen sage, wie ich gerne damit umgehen würde, ignorieren sie mich gelegentlich einfach. Ich schicke sie weg, sie kommen wieder. Ich blicke bei etwas durch, und trotzdem plagen sie mich weiter.

Ich habe den Eindruck, je älter ich werde, umso aufdringlicher werden die Gefühle. Sie behaupten, ein Recht auf Verletzungen zu haben, reagieren übersensibel auf Aussprüche, stürzen sich geradezu auf Negatives.

Ich brauche mehr Zeit, um Dinge zu sortieren. Wenn ich sie mir nicht nehme, komme ich manchmal in ein negatives Denkschema und ziehe andere mit hinein. Oft hilft es mir, mit einem vertrauten Menschen Gefühle auszutauschen. Dabei gelingt es mir, besser zu ordnen.

Je näher mir ein Mensch steht, umso mehr kann ich mich für ihn öffnen, aber umso leichter kann es zu gefühlsmäßigen Verletzungen kommen. Erinnerungen sind Gefühlsverstärker. Sie können entweder belastend oder bereichernd und himmlisch sein.

Wir haben von Gott die Gabe bekommen, uns zu erinnern. Das macht uns fähig – aufbauend auf das vorherige Wissen –, Neues hinzuzulernen. Diese Gabe der Erinnerung ermöglicht es uns, alte Dinge wieder lebendig werden zu lassen. Wir denken an einen früheren Geburtstag zurück und die frohe Stimmung, wir erinnern uns an die Geburt eines Kindes und empfinden das tiefe Glücksgefühl, es in den Armen zu halten. Wir können Stimmungen aus unserem Inneren hervorholen, wenn wir Fotos anschauen. Und es kann vorkommen, dass wir erneut über lustige Begebenheiten lachen und über Schmerz, der schon lange zurückliegt, weinen müssen.

Vielleicht ist dies eine der großen Gaben der Frauen, die sie fähig macht über sich selbst hinauszuwachsen, indem sie solche Erinnerungen lebendig erhalten können, als hätten sie sich gerade ereignet. Mir half es gelegentlich, die positiven Gefühle bei der Geburt jenes Kindes in Erinnerung zu rufen, das als Teenager mich wissen ließ, wie wenig ich ihm passte. Ich merkte, wie ich jenes Kind trotzdem annehmen konnte.

Aber die Gefahr, die jeder Gabe zu eigen ist, bedeutet, dass sie zum Schlechten benutzt werden kann. Dies ist wohl der schwerste Kampf im Leben der Frau, sich nicht von negativen Emotionen beherrschen zu lassen.

Je näher wir einem Menschen sind, umso mehr können wir lieben. Und je mehr wir lieben, umso tiefer sind die Wunden, die zurückbleiben, wenn wir verletzen oder verletzt werden.

Deshalb liegt der Bereich schwerster Verletzungen häufig in der Ehe. Hier kommen wir uns am nächsten, hier wissen wir am besten um die verletzbaren Punkte, hier lieben und hier leiden wir. Nur ein Buchstabe ist in diesen zwei Worten »lieben« und »leiden« anders, und zwar dadurch, dass er in die andere Richtung zeigt.

Neulich hörte ich, dass es einen kleinen Teil im Gehirn der Frau gäbe, von dem noch nicht bekannt sei, für was er zuständig sei. Ich musste spontan denken: Es ist der dunkle Bereich, in dem die Frau die Fehler ihres Ehemannes und anderer Menschen sammelt und aufbewahrt – die Negativliste.

Diese Art, emotionale Verletzungen zu sammeln, ist sehr eigenartig. Wir Frauen schaffen es, solche Emotionen »einzufrieren«. Sie werden uns nicht immer gleich bewusst. Wir sammeln nur fortwährend. Irgendwann ist der Speicher voll. Und er »läuft über«, leider manchmal im unpassenden Moment. Für den Mann erscheint dies oft als Bagatelle, der er sich ausgeliefert sieht. »Sie hat die Gabe, aus einer Mücke einen Elefanten zu machen«, berichtet mir der aufgebrachte Ehemann und erzählt den »lächerlichen Auslöser«, an den die Frau eine Familiengeschichte anschließt mit der genauen Aufschlüsselung, wann und in welcher Situation er sich schon einmal ähnlich falsch verhalten habe. Für die Frau ist diese Bagatellangelegenheit der Schlüssel zu allem Vorangegangenen. Es ist ihr, als würden all die vergangenen Geschichten neu vor ihr stehen und sie erneut zu Boden drücken. Sie erleidet diese Geschichten mit ihren Verletzungen von Neuem, fühlt sich missverstanden, ungeliebt, fehl am Platz.

Es gibt Männer, die auf ihre Frauen einzugehen versuchen. Am Schluss sind sie aber oft so fertig darüber, wie ihre Frau sie sieht, dass ihnen kaum noch ein Selbstwert zurückbleibt.

Andere Männer versuchen, ihrer Frau diese »Marotte« abzugewöhnen, indem sie die dahinterstehende Not einfach ignorieren. Dann gibt es noch jene, die ihrer Frau beweisen wollen, dass sie im Unrecht ist, und sie wegen ihrer Emotionen beschimpfen und fertigmachen.

Wer als Mann diese Zeilen gelesen hat, dem kann ich nur raten: Werden Sie in solchen Momenten zum Therapeuten Ihrer Frau! Hören Sie zu, als würde sie einen anderen Mann beschimpfen! Geben Sie ihr recht! Bedauern Sie sie! Nehmen Sie schließlich das weinende, schimpfende Bündel in den Arm und sagen Sie ihr, dass Sie alles tun werden, um sie in Zukunft vor diesem Unmenschen zu beschützen!

Meines Erachtens ist dies der größte Ausdruck der Liebe, die ein Mann seiner Frau schenken kann, indem er in die Tiefen ihrer Negativ-Emotionen blickt und sagen kann: Dich nehme ich an, obwohl ich Fehler gemacht habe und du auch welche hast.

Doch wie kann die Frau mit ihren Gefühlen umgehen lernen? Martin Buber sagt: »Jeder Mensch auf dieser Erde ist auf der Suche nach einem Menschen, der ihm das Ja des Seindürfens zuspricht.«

Dieses Ja sehe ich für mich als Frau besonders im Bereich der Gefühle: Ich darf diese Gefühle haben! Diese fragen mich nicht danach, ob sie hereindürfen oder nicht. Sie sind einfach da, ausgelöst durch ein Wort, eine Begebenheit...

• **Gefühle wahrnehmen, nicht verdrängen**
Es ist nicht genug, dass ich Gefühle verdränge, indem ich sage: So eine Kleinigkeit. Die vergesse ich einfach. Es ist gut, darüber

nachzudenken, warum ich auf diese Weise reagiert habe. Sonst steht das Geschehene heimlich schon auf der »schwarzen Liste«, die sich unmerklich anhäuft. Es ist häufig das Schuldenkonto des Sich-nicht-Angenommenfühlens.

- **Aufarbeiten durch Aussprechen**

Mädchen sprechen schneller als Jungen. Frauen verarbeiten häufig durch Reden. Wenn man als Frau eine Freundin hat, die einen zum Positiven beeinflusst, ist es gut, darüber zu sprechen. Auch miteinander beten hilft. Ausgesprochene Probleme verlieren vor den Ohren eines mitfühlenden Menschen ihre Dynamik. Manchmal findet man spontan eine Lösung und erkennt, wie man damit umgehen kann.

- **Aufschreiben**

Was einen immer wieder quält, sollte man aufschreiben. Es ist hilfreich zu formulieren, was einen stört, ärgert, kränkt, ebenso an welchem Punkt man sich zurückgesetzt oder vernachlässigt fühlt.

Nun ist erforderlich, sich mit dem Aufgeschriebenen auseinanderzusetzen. Vielleicht merkt man schon beim Durchlesen, dass es an Kraft verloren hat. Oder aber, dass der Ärger neu hochkommt.

Wie wir auf die Symptome unseres Körpers hören, wenn Zahnweh, Bauchschmerzen oder der eingeklemmte Nerv uns plagen, müssen wir auf Verletzungen unserer Gefühle achten. Sie wachsen sonst weiter zu unerträglichen Schmerzen, die uns innerlich peinigen, gefühllos machen oder sogar töten können.

- **Gefühle nicht über uns herrschen lassen**

Gefühle sollen wir wahrnehmen, sie uns bewusst machen, an ihnen arbeiten. Aber sie dürfen nicht unser Leben beherrschen! Mir bedeutet sehr viel, was Röm 5,8 sagt: »Darin erweist Gott seine Liebe zu uns, dass Christus für uns starb, als wir noch Sünder waren.«

Die Gefühle, die Gott für uns haben konnte, waren sicher keine wundervollen. Er, der heilige Gott, sah die Verlogenheit, die Sündhaftigkeit, die Gemeinheiten des Menschen.

Seine Liebe zeigte sich aber gerade darin, dass er entgegen seiner Gefühle handelte, als ihm unsere Hoffnungslosigkeit und unser Verderben vor Augen standen.

Wir müssen einen Lernprozess für unsere Emotionen einleiten, d. h. eine neue Richtung finden, wenn sie uns forttreiben wollen.

Nachdem wir innerhalb unseres Ortes in ein neues Haus umgezogen waren, geschah es des Öfteren, dass ich auf dem Nachhauseweg in die alte Richtung fuhr. Die Gewöhnung (hängt mit »wohnen« zusammen), auf diesem Weg heimzukommen, war noch nicht verklungen. Natürlich kehrte ich nach kurzer Zeit wieder um. Später holte ich den schon gesetzten Blinker des Autos noch vor dem Abbiegen wieder zurück. Heute ist es nicht mehr vorstellbar, abbiegen zu wollen. Das alte Haus ist nicht mehr meine Wohnung.

Wenn die negativen Emotionen uns gefangen nehmen (die schwarze Liste will in Aktion treten), sagen wir ihnen, wohin sie gehören und dass wir nichts mit ihnen zu tun haben, auch wenn sie früher einmal bei uns gewohnt haben. Sicherlich werden uns dabei noch Fehler unterlaufen, wenn wir in die alte Richtung abbiegen. Aber das Alte wird immer mehr die Kraft über uns verlieren.

In Röm 12,2 heißt es: »Verändert euer Wesen durch Erneuerung eures Sinnes!«

- **Ich habe ein Recht mich zu schützen**

Ich darf mich wehren! Niemand darf mich zwingen, keine Gefühle zu haben, wenn mich jemand ärgert, beleidigt, angreift, verletzt. Dies ist ein Schutzmechanismus meiner Seele. So wie ich meinen Körper schütze, sobald er in Gefahr ist, soll ich meine Seele bewahren. Nicht unnötigen Schmerzen aussetzen! Worte, die jemand zu mir sagt, um mir weh zu tun, darf ich nicht einfach in meine Seele eindringen lassen.

Dabei bitte ich Gott, dass er jetzt den Mantel seiner Liebe um mich stellt, während ich zuhöre (Eph 6: geistliche Waffenrüstung).

• **Ich habe ein Recht, mich an Verletzungen zu erinnern**
Es ist gut, ein großes Blatt Papier zu nehmen und alles aufzuschreiben, was kränkt. Schon mit Erlebnissen aus der Kindheit kann man beginnen. Man listet Vater und Mutter auf, Lehrer und Onkel. Dann fährt man fort mit den Fehlern des eigenen Mannes, seinen unschönen Worten, seiner Vernachlässigung. Ich kann mir dabei bewusst machen, dass ich ein Recht darauf habe, darüber ärgerlich zu sein! Ja, denn ich wurde verletzt.

• **Aber ich habe auch das Recht zu vergeben!**
Es liegt in meiner Entscheidung! Vielleicht fällt es mir schwer zu vergeben, weil ich befürchte, der andere könnte es wieder tun. Ich trage es ihm lieber nach, weil er sich so vielleicht bessert. Möglicherweise fühlt er sich schuldig, ist in meiner Gewalt, im Grunde »mein Gefangener«.

Doch eigenartig, Groll bewirkt das Umgekehrte. Die Kluft zum anderen vertieft sich.

Unser Recht auf Rache bewirkt, dass wir selbst Gefangene unserer Bitterkeit werden, während sich der andere immer mehr von uns entfernt.

Ich muss mich erinnern: Ich habe ein Recht zu vergeben.

Niemand kann mich dazu zwingen, doch ich kann mich dazu entscheiden. Eph 4,26 u. 27 sagt: »Lasst die Sonne nicht untergehen, ehe ihr verzeiht, und gebt nicht Raum dem Lästerer!«

Ich möchte meine Gefühle nicht über mich herrschen lassen! Ich bin nicht mehr frei, wenn Gedanken der Rache, des Verletztseins, der schwarzen Liste mich gefangen nehmen.

Meine Verletzungen sind am besten bei Gott aufgehoben. Falls ich ihm mein Herz ausschütte, wie es in Ps 62 steht, wird es mir leichter. Ihm darf ich sagen, was mir weh tat und was mich heute neu schmerzt. Ihn darf ich bitten, dass er mich heilt.

Danach kann ich das Blatt mit den schmerzhaften Erinnerungen zerreißen. Diese Liste darf keine Gewalt mehr über mich haben. Immer, wenn die alten Verletzungen auftauchen wollen, sage ich ihnen, dass sie fehl am Platz sind. Sie sind bezahlt durch das Blut Jesu.

Als einer der Herrscher Frankreichs an die Macht kam, ließ er eine Liste all derer anfertigen, die ihm zuvor das Leben schwer gemacht und ihm nachgestellt hatten. Als er die Liste in der Hand hatte, malte er hinter jeden Namen ein Kreuz. »Sollen sie alle getötet werden?«, fragten seine Anhänger. »Nein«, antwortete er, »ihnen allen habe ich vergeben, weil Christus für mich starb«.

Durchschaue die Taktik Satans

»Euer Widersacher, der Teufel, geht umher wie ein brüllender Löwe und sucht, wen er verschlingen kann«, (1Petr 5,8).

Satan wird immer wieder versuchen, uns an dem Punkt zu verletzen, an dem wir schon eine Verletzung hatten. Dort sind wir in besonderer Weise sensibel und reagieren viel schneller. Wir selbst müssen diese Stellen kennen und sie Gott anbefehlen.

Ist etwas Gutes, dem denket nach!

(Philipper 4,8)

Oft haben wir kaum eine Chance, über das Gute nachzudenken, weil unsere Gedanken zu sehr damit beschäftigt sind, Ungutes aufzuarbeiten. Aber gerade das Gute bewirkt, dass sich mein Mann anerkannt und geschätzt von mir fühlt. »Mein Mann sagt mir aber auch nicht das Gute«, antwortete mir eine Frau verbittert, als ich sie bat, seine guten Seiten zu erwähnen.

Verändert handeln kann nur der, der die Erkenntnis gewonnen hat. Deshalb muss ich mit einer Positiv-Liste beginnen, d.h. alles Gute aufschreiben, das mir über den anderen einfällt.

Vielleicht finde ich nur wenig. Aber ich muss den Mut haben, das Wenige auszusprechen.

Es gibt wohl keinen Menschen, der nicht für Lob empfänglich wäre. Kritik wirkt häufig zerstörend, Lob richtet auf.

Gib dem Bösen nicht die Chance, aus dir einen Gefangenen deiner Bitterkeit zu machen. Indem du vergibst, wird auch Gott deine Schuld in die Tiefe des Meeres werfen (Mi 7,19 und Mt 6,12).

Während ich diese Zeilen schrieb, nahm ich mir vor, wieder einmal meine Seele nach einer schwarzen Liste zu durchforsten. Und ich fand sie! In Eigendynamik hatte sie sich neu gebildet. Ich übergab sie an Jesus Christus. Was für eine neue Freiheit fühlte ich dadurch!

Und abends listete ich meinem Mann die neue Liste auf und sagte ihm, was ich an ihm schätzte: Seine Sparsamkeit, seinen treuen Umgang mit unserem Zehnten, seine Hingabe im Dienst für Jesus ... Er schaute mich ungläubig an. »Meinst du wirklich mich, oder verwechselst du mich mit jemandem?« Ich schämte mich, dass ich ihn so oft hatte wissen lassen, was mir nicht passte, und so selten, was ich an ihm schätzte.

Ich will das Haus meines Lebens bewohnen

Über dieses Thema sollte ich im Rahmen eines Frauentages sprechen. Während ich darüber nachdachte, wurde mir mein eigenes Lebenshaus neu bewusst. Ich begann, aufzuräumen und auszuräumen. Dabei fragte ich mich:

Will ich das Haus meines Lebens bewohnen?

Kann ich das überhaupt?

Oder hat sich im Laufe der Jahre so viel Gerümpel angesammelt, dass kaum noch Platz zum Leben vorhanden ist?

Aufräumen ist also angesagt!

Doch zuerst eine Bestandsaufnahme:

Wer wohnt in meinem Lebenshaus?

Wen will ich darin haben, und wer hat sich, ohne mein Wissen, einfach eingenistet?

Mein Lebenshaus, das mir mit der Geburt gegeben wurde, mochte ich nicht so gerne, weil ich nicht damit umgehen konnte. Schon früh merkte ich, wie ich mit meinem Temperament anderen Menschen Probleme bereitete. Es war an einem Sonntagmorgen, als meine Eltern mit mir zur Kirche unterwegs waren. Irgendetwas passte mir nicht, und ich warf mich auf den Boden. Unglücklicherweise befand sich an dieser Stelle gerade ein Kuhfladen...

Später fand ich heraus, dass mein Lebenshaus weiblich war. Auch das passte mir nicht, weil ich bald entdeckte, was man als Mädchen alles nicht tun darf und soll: Nicht pfeifen, nicht so laut die Haustür zuschlagen...

Dann folgte die Pubertät. Ich wollte dieses Haus nicht, weil ich nicht damit umgehen konnte. Ich hörte nur immer:

– Sing nicht so laut
– Sei doch einmal still...

Auch als ich schließlich zu einem Leben mit Gott fand, konnte ich nicht richtig Ja zu mir sagen. Der schwerste Satz der Bibel war für mich der Vers (1Petr 3), in dem von der Frau mit dem »stillen und sanften Geist« gesprochen wird als der Frau, die Gott gefällt. Wie sollte Gott je Gefallen an mir finden?

Weil ich oft so ungeduldig war, fing ich an, Gott um Geduld zu bitten. Gott erhörte dieses Gebet. Er schenkte mir als Antwort: Kinder! Wenn wir Gott um etwas bitten, schickt er uns häufig nicht einen Blitz vom Himmel, sondern beginnt mit uns einen Lernprozess.

Mein Lebenshaus passte mir nicht. Doch bei einem Seminar tat Gott mir die Augen auf. Wir sollten etwas über unseren Namen sagen.

Als ich über meinen Namen nachdachte, merkte ich, dass ich ihn ablehnte. Nicht etwa wegen der biblischen Vorbilder! An die biblische Ruth kam ich sowieso nicht heran. Ich kannte nur mich selbst unendlich gut! Diese Ruth lehnte ich ab! Schließlich begriff ich, dass Gott mich nicht ablehnt. Ich erahnte, dass er mich so liebt, wie ich bin. Besonders an der Zachäus-Geschichte wurde mir das klar.

Jesus spricht liebevoll mit Zachäus, obwohl er ihn kennt! Er kehrt ausgerechnet in sein Haus ein. Und das nicht, weil Zachäus' Lebenshaus in Ordnung war, sondern weil er bereit war, es zu ordnen! Jesus spricht liebevoll meinen Namen. Ich muss nicht sein, wie andere sind! Ich muss nicht haben, was andere haben! Ja, ich darf sogar versagen, und seine Gnade wird größer sein, sogar, wenn mein eigenes Herz mich verdammt! (1Joh 3,20).

Ich darf Ja zu mir sagen, weil Gott Ja zu mir sagt!

Ich darf mein Lebenshaus bejahen, auch wenn es ein kleines Haus ist – und andere anscheinend in einer Traumvilla wohnen. Ich brauche nicht die Gaben, die andere haben, weil Gott mir den Teil zugedacht hat, den ich habe. Damit will ich dankbar umgehen lernen, ohne dauernd nach anderen zu schielen.

Für mein Lebenshaus interessierte sich der Mann meines Herzens. Plötzlich schien mir mein eigenes Haus viel wertvoller. Ich war begeistert. Dieser Mann bewunderte und verehrte mich, und ich ihn. Wir heirateten. Und die Enttäuschungen begannen.

Er war anders als ich. Er versuchte, mein Lebenshaus umzubauen in einer Weise, die mir nicht vertraut war. War er vorher ein guter Zuhörer gewesen, wohnte er jetzt oft schweigend in meinem Haus, und ich hätte ihn am liebsten geschüttelt. Er gestand mir, dass er mir wegen meines Redens oft gerne ein Pflaster auf den Mund geklebt hätte!

Die Schar unserer Kinder wurde größer. Unsere Herzenstür stand weit offen, als sie sich ankündigten. Jubel füllte unser Lebenshaus. Aber die süßen Kleinen wurden größer. Die Komplimente, »die beste Mutter der Welt zu sein«, blieben schließlich aus. Ich fühlte mich in meinem eigenen Lebenshaus überfordert, als Dienstmädchen, zeitweilig sogar »gefressen«. Es kam die Zeit, in der ich sie eher als Tyrannen empfand – unfähig, ihre Botschaft zu verstehen. Schließlich zogen sie aus. Glücklich mit oder ohne Partner. Plötzlich war ich unwichtig.

Ich *will* das Haus meines Lebens bewohnen!
Will ich es wirklich?
Oder ist es mir
zu einsam
zu alt
zu krank
zu hektisch
zu überfordert

Es gibt Dinge, die wir nicht verändern können:
Unsere Herkunft
Unsere Vergangenheit
Unser Lebensalter
In gewisser Weise unser Gewicht
Unser Frausein
Manche Lebensumstände
Unser Aussehen
Unser Ledigsein
Unser Wieder-allein-Sein
Unseren Ehepartner
Das Alter unserer Kinder
Unsere Schwiegermutter
Finanzielle Engpässe

Im Nichtannehmen dieser Umstände werden wir bitter, und diese Bitterkeit zerstört uns von innen. Sie macht uns zu unseren eigenen Gefangenen.

Bei nicht zu verändernden Lebensumständen hilft es eigentlich, nur ein Ja zu finden und Gott zu vertrauen, dass da ein Sinn ist, obwohl ich keinen erkennen kann.

Aber *ich will bewohnen* heißt auch: unter die Lupe nehmen, wer in diesem Haus alles wohnt.

Bestandsaufnahme: Da haben sich im Laufe unseres Lebens viele heimliche Untermieter eingeschlichen, die mir das Leben begrenzen, die mir Vorschriften machen, Zimmer blockieren mein Haus in Beschlag nehmen, und mir möglicherweise suggerieren, nur das Beste für mich zu wollen, oder behaupten, alte Rechte zu haben.

Schauen wir uns die »Herrschaften« einmal an: *Herr »Wenn und Wäre«* Sein Programm ist, uns durch Vergleichen ständig zu zeigen, was wir nicht haben und eigentlich bräuchten. Er ist der Unglücklichmacher Nr. 1

Z.B.: Wäre ich verheiratet, wäre alles anders!

Wenn ich einen anderen Mann hätte, ginge es mir besser!

Wären meine Kinder nur nicht so quirlig, hätte ich ein wenig Freizeit …

Er hat übrigens eine ständige Besucherin: *Fräulein Selbstmitleid.* Sie sorgt unermüdlich dafür, dass Verletzungen aus der Vergangenheit lebendig bleiben, dass Äußerungen, die von anderen Menschen kommen, zielsicher auf mich selbst bezogen werden.

Ihre Busenfreundin ist *Frau Erinnerung.* An ihr orientiert sie sich täglich. Sie ist ihr großes Vorbild.

Frau Erinnerung sorgt treu dafür, dass keine Freude aufkommt. Hingebungsvoll nimmt sie jeden Augenblick wahr, in der sie neue Erlebnisse mit negativen alten Erlebnissen vertiefen, ausbauen, erweitern kann. Sie hat in vielen Lebenshäusern, ohne Wissen der Besitzer, einen kompletten Seitenbau errichtet, um die Daten vollständig und ordnungsgemäß lagern zu können.

Da gibt es negative Erlebnisse mit dem Vater, dem Onkel, dem Mann überhaupt. Frau Erinnerung sorgt zuverlässig, dass diese Erfahrungen auf den eigenen Mann übertragen werden.

Freunde haben in unserem Leben versagt. Frau Erinnerung warnt eingehend, wieder jemandem zu vertrauen. Man könnte ja erneut enttäuscht werden. Christen haben sich falsch verhalten. Vor ihnen muss man sich besonders in Acht nehmen!

Frau Erinnerung versteht sich ausgezeichnet mit ihrer Nachbarin *Frau Bitterkeit.* Sie tauschen sich aus und lieben einander innig. Eine kann ohne die andere nicht sein. Madame Bitterkeit gibt die nötige Würze für die Erinnerung. Sie sorgt rührend dafür, dass das Gewürz nicht ausgeht. Sonst würde das ganze nicht genügend gesalzen sein. Viele andere Herrschaften bewohnen unser Lebenshaus, und sie meinen schon, sie gehörten zu uns, so gebärden sie sich. Eigentlich müssten sie »Damenschaften« heißen.

Die Bitterkeit
Die Eifersucht
Die Schwatzsucht
Die Erinnerung

...und die Depression, die Verzweiflung, die Unzufriedenheit, die Undankbarkeit, die Angst.

Frau Bitterkeit nährt alte Schuld wie Zwillinge: die Selbstanklage und den Vorwurf. Sie sorgt dafür, dass das, was uns angetan wurde, am Leben bleibt, und sie ernährt Schuldgefühle, wo wir in der Vergangenheit selbst versagt haben. Es ist ihre Dunkelkammer, die sie sorgsam verschlossen hält. Denn Licht würde ihren Kindern großen Schaden zufügen. Sie verbirgt zuverlässig Heimlichkeiten, Schuld und Groll.

Deshalb fühlen wir uns in unserem Lebenshaus oft nicht wohl.

Vielleicht ist als einziger Raum noch das Badezimmer geblieben. Dort weint man sich aus und sieht oft keinen Ausweg mehr.

Ich will ans Sortieren gehen! Welche Gefühle bestimmen mich?

Beim Ordnen der Gefühle helfen mir Fragen wie:

Bei wem sollte ich mich entschuldigen?

Welche alte Schuld lastet auf mir, und wie kann ich sie in Ordnung bringen?

Mit welchen Gedanken beschäftige ich mich?

Womit wache ich morgens auf und gehe abends schlafen?

Wovon muss ich mich trennen, obwohl es mir liebgeworden ist?

Wer bestimmt mich?

Wer hat das Sagen?

Wer hat mich geprägt? (Eltern, Nachbarn, Schwiegermutter, Kinder, Chef, Angestellte)

Wer hat mich verletzt?

Welche Prägungen habe ich von meinem Elternhaus übernommen?

Welche lehne ich ab und handle trotzdem so?

Welche Gedanken kommen beim Nachdenken über den eigenen Vater?

Was sind meine Gedanken über Männer im Allgemeinen?

Fühle ich mich Männern unterlegen, wenn ich mit ihnen spreche?

Welchen Selbstwert habe ich?

Woher weiß ich, wer ich bin?

Mit wem vergleiche ich mich?

Wo versage ich und lehne mich deshalb ab?

Was ist mein größter Wunsch?

Was hätte ich gerne im Leben erreicht?

In welcher Lebensphase bin ich?

Zyklusphase mit dem Auf und Ab der Hormone

Klimakterium und Abschiednehmen

Zeit nach dem Klimakterium

Wenn mir manches klar wird, merke ich, dass ich nicht zu viel auf einmal erwarten darf. Es ist besser, Schritt für Schritt vorwärtszugehen. Welches ist mein nächster Schritt?

Jesus sagt uns zu, dass er nicht hinausstoßen wird, wer zu ihm kommt. Es gibt keine Schuld, die zu groß ist, als dass er sie mir nicht vergeben könnte. Aber auch Schuld, die uns andere angetan haben, macht unfrei. Wir tragen sie möglicherweise hinter uns her, wie eine schwere Bürde.

Wer anfängt zu vergeben, wird spüren, wie er selbst in die Freiheit geführt wird, bis in seine Gedanken hinein.

»Vergib uns unsere Schuld, – wie auch wir vergeben unseren Schuldigern«, heißt es im Vaterunser.

Das Geheimnis Gottes: Wer andere freisetzt, wird selbst frei!

Gott hat mir dieses Lebenshaus zum Bewohnen gegeben, und ich darf lernen, in der richtigen Weise damit umzugehen.

Ich merkte sehr bald, dass ich es nicht allein schaffe, die alten Stammbewohner hinauszuwerfen. Es war mir, als würden sie protestieren und alte Rechte einklagen. Sie hatten bislang Gewohnheitsrecht und reichlich Zuwendung gehabt. Aber Jesus Christus half mir dabei. Je mehr ich mein Haus für ihn öffnete, umso heller wurde es darin und umso mehr Lebensraum tat sich auf zur Entfaltung. Mit seinem Geist begann er durchs Haus zu wehen.

Er räumte das Schuldzimmer aus. Er heftete die Schuldscheine ans Kreuz, weil er die Rechnung bezahlt hat.

Für Bitterkeit erhielt ich das Geschenk des Friedens, indem ich vergeben lernte. Ich verlor die Angst zu verlieren! Bitterkeit macht unfrei. Vergebung setzt frei!

Das Selbstmitleid wandelte er in die Fähigkeit, mit anderen zu leiden. Als Gegenmittel für Unzufriedenheit setzte er die Fähigkeit zu danken.

Auch die Angst bewältigt er für mich.

Ich lernte, die »Nasszelle« im Haus mehr zu nutzen:

Ps 62: »Schüttet euer Herz vor ihm aus, liebe Leute! Denn Gott ist unsere Hoffnung.«

Jammern allein hilft nicht: »Mit Sorgen und mit Grämen und mit selbsteigner Pein lässt Gott sich gar nichts nehmen, es muss erbeten sein«, heißt es in einem Liedvers.

Jesus fing an, mich heil zu machen. Ich schenkte Jesus mehr Glauben als meinen ehemaligen Hausbesitzern! Ich lernte zu unterscheiden, woher die Stimme kam und worauf sie hinauswollte. Und ich fing an, den neuen Hausbesitzer mehr kennenzulernen, der das Beste für mich wollte und immer noch will. Ich weiß, dass ich nicht jedem Gefühl nachgeben darf, das mein inneres Ohr umschleicht. Ich brauche einen inneren Schutz. In Eph 6 finden wir einige Hinweise dazu.

Und dies ist nun mein tägliches Gebet: »Herr Jesus, Dein Wille geschehe in meinem Haus.« Ich bin hellhörig geworden, wenn sich Besucher ankündigen. Wenn Fräulein Selbstmitleid mir vormachen will, mein Mann sei unromantisch, gehe ich hin und umarme ihn. Und gleich wird es besser.

Ich habe gemerkt, dass Grenzen für unsere Kinder weit effektiver sind, als wenn ich dauernd über meine Kraft hinauslebe, um ihre Wünsche zu erfüllen. Abgrenzung ist manchmal nicht nur erlaubt, sondern notwendig.

Ich habe eine Würde.

Ich darf Wünsche haben.

Ich darf dienen.

Wegkommen vom Müssen, hin zum Dürfen!

Jesu Fußwaschung war ein Dienen aus der Stärke heraus.

Jesu erstes Wunder war flüssig – überflüssig?!

Es war bei der Hochzeit zu Kana, als er Wasser in Wein verwandelte. Mir zeigt das, dass Gott mir Lebensfreude gönnt.

Sicher ist dies nicht immer machbar. Es gibt Aufgaben, denen wir nicht entfliehen können. Sinngemäß las ich von einer frommen Ordensfrau, die es etwa so formulierte: »Wenn Fasten, dann Fasten, aber wenn Truthahn, dann Truthahn.« Was für unser Leben aktuell ist, sollten wir bejahen. Wenn schwere Zeiten angesagt sind, sollten wir sie bewusst aushalten, aber wenn Lebensfreude möglich ist, muss auch die Freude »dran« sein.

Eine Bekannte von mir begann noch mit über siebzig, Französisch zu lernen. Eine andere entdeckte auf ihre älteren Tage die Filethäkelei, wieder eine andere kaufte sich mit fünfzig Jahren ein Klavier.

Für schwere Tage lege ich mir immer meine Lieblingskassette zurecht. Hausarbeit ist eine Arbeit, die man nur sieht, wenn sie nicht getan ist. Ich wollte früher gerne perfekt sein. Das ist übrigens eine der aufdringlichsten Hausbesetzerinnen: Die Perfektion, die dazu noch besonders edel wirkt. Viele Menschen unserer Familie litten unter mir. Heute weiß ich, dass Menschen wichtiger sind als eine Wohnung, die von anderen bewundert wird.

Wenn es mir nicht gut geht, mache ich Menschen eine Freude, die es nicht erwarten: Der Frau an der Ladenkasse schenke ich ein Röschen für ihre Freundlichkeit. Ich besuche eine alte Dame, von der ich hörte, dass sie krank ist.

Der Segen Gottes ist eine ungeheure Kraft.

Es half mir, Menschen zu segnen, die mir besonders schwer fielen. Ich merkte, wie ich sie dabei innerlich aus meinem Gefängnis loslassen konnte, das ich ihnen errichtet hatte, weil sie mich verletzt hatten. Segnen hilft mir immer noch, mit schwierigen Menschen umzugehen (1Petr 3,9).

Das Tröstlichste ist das Wissen, dass ich einen Beistand habe, nämlich Gottes Mitarbeiter, den Heiligen Geist, der mein Tröster sein will und mich in alle Wahrheit führt.

Hilfe in diesem Verarbeitungsprozess war mir: Das Aussprechen vor Gott.

Wenn ich merkte, dass Schuld mich trotzdem weiterplagte, sprach ich sie vor einem seelsorgerlichen Menschen aus. Es ist herrlich, diese Worte wahrzunehmen: »Im Namen Jesu, dir sind deine Sünden vergeben«. Es gibt wohl kaum Befreienderes auf dieser Erde.

Manchmal schreibe ich auf, was mich bedrückt, und lege es vor mich, um es ganz bewusst in die Hand Gottes zu geben.

Meinen Gefühlen weise ich immer wieder den Weg, indem ich bestimme, was ich denken *will*.

Alte Schuld loslassen heißt: Ich gebe sie ab an Jesus. Ihm zutrauen: Er hat wirklich alles bezahlt! Manchmal hindert die eigene Angst uns daran, ihm zu glauben, weil wir denken, wir könnten es dann wieder tun...

Anderen vergeben
heißt nicht: zugeben, dass sie recht hatten
heißt nicht: dass ich besser bin
heißt nicht: dass ich Zerstörung weiter zulasse (z.B. Missbrauch)

Vergebung ist mein aktiver Wille, meine inneren Verletzungen an Gott abzugeben und dem anderen nicht mehr nachzutragen – (anstrengend, denn ich trage!)

Das Haus meines Lebens bewohnen heißt auch:
Ja sagen zu mir,
meinem Aussehen,
meinem Lebensalter,
meinem familiären Hintergrund,

meiner Lebenssituation
meinem Namen…
Ich habe keinen anderen Körper als diesen…

Ich bin in dem Maße frei, wie ich bereit bin, mein Menschsein mit *meinen* Gaben und *meinen* Grenzen anzunehmen und ihnen gemäß zu leben.

Wer gerne eine Superstimme hätte, aber in Mathe begabt ist, ist lebenslang unfrei, weil er der Stimme nachjammert, statt sich an der Mathematik zu erfreuen.

Zum Nachdenken:

Würde ich gerne mit mir selbst befreundet sein? Was würde ich als Mann möglicherweise empfinden, wenn ich mit mir verheiratet wäre?

Briefkasten am Haus:

In den Briefkasten an meinem Lebenshaus werden täglich Botschaften abgegeben. Es gibt Post, bei der ich »Annahme verweigert« darauf schreiben soll. Mit ihr soll ich mich nicht abgeben und gar nicht erst hinhören.

Mein Haus hat eine Tür. Es gibt Menschen, die zu schnell und oft die Tür öffnen. Sie leben in ständiger Überforderung und sind ein Opfer ihrer fehlenden Abgrenzung und unfrei! Andere halten ihre Tür fest verschlossen, aus Angst, jemand könnte sie überfordern. Sie versäumen dabei viel Schönes und das Gefühl, für andere da sein zu dürfen. Sie sind gefangen in sich selbst und unfrei!

Gebet:

In deinem Namen, Jesus, und im Vertrauen auf dich, kündige ich meinen alten Bewohnern. Du sollst mein Hausherr sein!

Mach mein Haus zu deinem Bethlehem, dem Haus des Brotes, in dem du wohnen kannst. Dann wird nicht nur meine Seele satt, sondern auch viele andere, die bei mir Trost suchen.

Amen.

Ich will veranlassen,
dass von mir begangenes Unrecht
wiedergutgemacht wird.
Ich will mein Recht auf Rache loslassen
und es ihm überlassen,
wie er mich führen wird.
Ich will nicht darin nachlassen,
zu vergeben und zu lieben.
Ich will keine Gelegenheit auslassen,
Gutes zu tun.
Ich will den Sumpf der Bitterkeit verlassen
und zulassen,
dass Gott an mir arbeitet.
Ich will mich in seine Hände fallen lassen,
er wird mich nicht im Stich lassen.

Die Ehebeziehung erneuern

Unzählige Versuchungen stürzen heute selbst auf diejenigen ein, die feste Werte haben und in einer lebendigen Glaubensbeziehung stehen. Besonders in Krisenzeiten wächst die Gefahr, falsche Lösungen zu wählen. Jeder sollte von Zeit zu Zeit die folgende Checkliste durchgehen und sich fragen, an welchem Punkt er arbeiten muss, um nicht so leicht in Versuchung zu geraten:

— Wieviel Zeit nehmen wir uns als Ehepaar pro Woche füreinander?
— Wieviel weiß ich von den inneren Nöten meines Mannes?
— Welche alte »Geschichte« trage ich meinem Mann nach und hege tief drinnen den Wunsch, es ihm einmal »heimzuzahlen«?
— Wo fühle ich mich beruflich/familiär ständig überfordert und habe den Eindruck, »gelebt« zu werden?
— Habe ich eine Freundin, die mich versteht und mich zugleich bei falschen Träumereien korrigiert?

- Womit fülle ich meinen »emotionalen« Tank: mit Büchern, die mich aufbauen und Gott näherbringen? Oder Romane, die ungestillte Bedürfnisse wecken und meinen Zustand noch verschlimmern?
- Welche Filme mute ich mir zu?
- Bin ich wachsam beim Lesen von Zeitschriften, oder lasse ich mich leicht verführen, bequeme Gedanken zu übernehmen?
- Habe ich meinem Mann gegenüber den Mut, Bedürfnisse auszusprechen?
- Gehe ich auf Wünsche ein, die mein Mann äußert, oder kenne ich sie gar nicht?
- Habe ich einen vertrauten Umgang mit Gott?
- Wieviel bete ich für meinen Partner?

Wir alle gehen durch Lebenskrisen. Es sind in der Regel Situationen, in denen wir mit anderen oder mit uns selbst unzufrieden sind; Momente, in denen wir uns unverstanden und alleingelassen fühlen. Auch länger anhaltende Überforderungssituationen lassen uns emotional in Krisen geraten. Bei manchem ist es einfach die Panik, älter zu werden, nicht mehr gefragt, gebraucht, geliebt zu werden – oder auch überfordert, missbraucht, ausgelaugt zu sein und nicht mehr zu können. Dann wächst vermehrt die Sehnsucht nach einem Menschen, der einen annimmt, auffängt, versteht, zärtlich ist.

Die Gefahr, dabei in Versuchung zu geraten, liegt auf der Hand.

Neu bewusst ist mir danach die Bitte im Vaterunser geworden: »Führe uns nicht in Versuchung!«

Hilfen in einer »Versuchungszeit« können sein:

1. Gefühle ordnen, indem man sich Zeit zum Nachdenken oder Aufschreiben nimmt:
   Wodurch ist meine Sehnsucht entstanden?
   Sind die Einflüsse von außen oder innen gekommen?

Ist es eine Persönlichkeitskrise, ausgelöst durch Überforderung, durch das »Leere-Nest-Syndrom«, das Alter...

Aussprechen bei einem vertrauenswürdigen Menschen, möglichst bei einer Frau. Ängste, Versuchbarkeit, Sehnsucht, unerfüllte Wünsche in Worte fassen.

Träumereien keinen Raum geben. Mich nicht von meinen Gefühlen treiben lassen. Luther sagte einmal : »Wir können die Vögel nicht daran hindern, um unseren Kopf zu kreisen, aber wir brauchen nicht zuzulassen, dass sie darauf ein Nest bauen.« Den Träumereien keine Nahrung geben durch »falsche« Literatur, z. B. Liebesromane, die ein unrealisierbares Bild des Idealpartners entstehen lassen.

An der eigenen Persönlichkeit arbeiten. Freude und Bereicherung ins Leben bringen durch neue Herausforderungen, wie z.B. das Erlernen einer Sprache, eines Musikinstruments, Belegung eines Töpferkurses, Singen in einem Chor...

Wenn es einen Mann gibt, zu dem ich mich hingezogen fühle, ist es gut, den Rat eines weisen Menschen zu suchen, der meinen Ehepartner und mich kennt. Mit ihm besprechen, ob ich mit meinem Mann offen darüber reden soll. Schwierig ist es für den eigenen Mann besonders, wenn er den Mann kennt, durch den sich die Frau versucht fühlt.

In der Regel zeigt der eigene Mann folgende Reaktionen: Mancher Ehemann hält erschrocken inne und fängt neu an, um seine Frau zu kämpfen. Mancher aber entbrennt in Eifersucht, und die Situation wird noch komplizierter.

2. Beim Ehepartner die konkrete Sehnsucht aussprechen, nicht als Forderung, sondern als Not. Drücken Sie in Worten aus, was Sie vermissen, sei es Romantik, seien es liebe Worte oder sonstige Zuwendung. Wenn der Ehepartner zu gar nichts bereit ist, brechen Sie in einem bestimmten Maß aus dem Alltäglichen aus, z.B. kommen Sie mal nicht zu der gewohnten Zeit nach Hause; gestalten Sie einen gewissen Zeitrahmen selbst, ohne auf Ihren Mann Rücksicht zu nehmen. Die Botschaft, dass Ihre Anwesenheit und »Fügsamkeit« nicht selbstverständlich

sind, muss er zu verstehen bekommen. Es ist wichtig, dass er Ihre Not begreift und um Sie zu werben beginnt, bevor Sie in schlimmere Versuchung geraten. Sind Sie erst einmal in eine Affäre geschlittert, ist das Aussteigen wesentlich schwieriger, als wenn sie nur in Ihrer Phantasie bestanden hat.

Manche Männer reagieren paradox. So kann es vorkommen, dass die Signale Ihrer Sehnsucht nach seiner Nähe nicht etwa dazu führen, dass er sich Ihnen vermehrt zuwendet, sondern vielmehr, dass er sich erst recht – vielleicht auch noch schroffer – abwendet und sogar bereit ist, sich in Sünde zu begeben, um Sie spüren zu lassen, »was Sie ihm alles angetan haben«. Legt er ein solches Verhalten an den Tag, verbergen sich dahinter sowohl seine Unsicherheit als auch ein kindlicher Trotz.

Wenn Sie spüren, dass Sie Ihren Mann nicht erreichen können, bitten Sie ihn, mit Ihnen eine Beratungsstelle aufzusuchen. Ist er dazu nicht bereit, gehen Sie alleine in die Beratung und lassen ihn dies wissen.

3. Gott mehr Glauben schenken als der Schlange! Treffen Sie eine neue Entscheidung für Ihren Ehepartner, obwohl Sie seine Unvollkommenheit kennen. Stellen Sie sich willentlich unter den Gehorsam Gottes. Es gibt kaum einen Menschen, dem eine Affäre hinterher nicht leid getan hätte.

Mein Mann konnte meine Krise damals nicht richtig verstehen. Aber im Lauf der Monate begriff er meine innere Not, und er verstand, dass ich auf eine Weise geliebt werden wollte, die er noch nicht entdeckt hatte. Seine Art der Liebe bestand vordem in Fürsorglichkeit, ich aber benötigte das gesprochene Wort. Ich machte es ihm immer wieder deutlich, obwohl es ihm manchmal auf die Nerven ging. »Ich kann doch nicht sagen: ›Ich liebe dich!‹, wenn ich es nie so ausdrücken würde. Man kann das einfach so dahersagen, ohne es wirklich zu meinen oder es konkret umzusetzen«. – »Aber du meinst es doch so?« fragte ich zurück. »Natürlich«, beteuerte er wieder. »Doch es klingt so abgegriffen, so nichtssagend für mich«. »Für mich aber ist es lebensnotwendig«, ließ ich ihn wissen. »Könntest du dich überwinden, es trotzdem zu sagen, einfach, weil ich es brauche?« Er grinste und sagte dabei hinschmelzend: »Ich liebe dich!« – »Ohne dein Grinsen war es schon beinahe vollkommen«, ermutigte ich ihn. »Ich sehne mich so danach, es zu hören.«

Im Laufe der nächsten Wochen lernte mein Mann, diese Worte zu sagen – wie er so gerne hinzufügte – »ohne eigenes Bedürfnis, aber aus Liebe zu dir«. Um meine Sehnsucht zu stillen, sprach er aus, was ich hören musste, und zwar in der Weise, wie ich es annehmen konnte.

»Ich liebe dich!« säuselt er heute ins Telefon, bevor er mir ein Telefongespräch vermittelt. Und frage ich gelegentlich nach, ob dies seine Überzeugung oder nur aufgesetzt sei, entgegnet er schmunzelnd: »Weil ich dich so sehr liebe, spreche ich die Worte »Ich liebe dich«; ich versuche, deine Zielsprache zu sprechen.«

Im Gegenzug bemühe ich mich darum, ihm auf die Weise, die ihm wichtig ist, zu zeigen, dass ich ihn liebe, z.B. indem ich seine Post rechtzeitig abliefere, die Knöpfe seines Lieblingshemdes sofort annähe u.ä., obwohl ich solche Verrichtungen nicht mit Gefühlen der Liebe in Verbindung bringen würde. Da er aber auf dieser Wellenlänge empfänglich ist, erreichen ihn meine Liebessignale so am besten. Denn ihm bedeutet meine Zuverlässigkeit in praktischen Dingen viel.

Es gibt ein nettes Beispiel für die unterschiedlichen Bedürfnisse bei Partnern – und wie wir uns dabei manchmal überfordern, ohne dass eine entsprechende Botschaft ankommt. Ein Gleichnis erzählt von einer Freundschaft zwischen einem Hund und einem Pferd: Das Pferd, das den Hund innig liebte, trug für ihn die besten Halme zusammen. Der Hund dagegen sammelte die besten Knochen für das Pferd.

Keinem von beiden nützten die Hingabe und das Opfer, weil sie grundverschiedene Bedürfnisse hatten.

Ihre gegenseitige Liebe war gut gemeint; die Botschaft kam aber nicht an, weil keiner die Sprache des anderen sprach, d.h. dessen Bedürfnisse erkannte und befriedigte.

Ehe ist ein Organismus, der den Atem des Gesprächs, die Ernährung durch kleine Liebenswürdigkeiten, die Reinigung mit bewusster Vergebung benötigt, um nicht nur dahinzuvegetieren, sondern gut zu leben. Und sie muss das Gespräch mit Gott pflegen, um in Erfahrung zu bringen, welche Bedürfnisse der andere hat. Dazu braucht sie Weisheit, um die eigenen Bedürfnisse verständlich zu machen.

Nachwort

Das Älterwerden nicht verdrängen

Viele Hilfsmittel unserer Zeit verschleiern uns das Älterwerden. Die ersten grauen Haare tönt man sich in der jeweiligen Farbe nach... die abnehmende Sehkraft wird mit einer Brille behoben... das geschwächte Hörvermögen regelt ein unauffälliges Hörgerät... die Falten durch Make up kaschiert... die überflüssigen Pfunde durch schicke Kleidung verdeckt.

Jugendliches Outfit kann zum Selbstbetrug führen: Eigentlich bin ich gar nicht alt.

Zugegeben, wer sich ständig das Alter vor Augen malt und nur voller Angst auf das Altwerden starrt, altert schneller. In gewisser Weise ist man so alt, wie man sich fühlt.

Es ist positiv zu bewerten, wenn wir das, was uns als Mensch gegeben ist, voll ausnutzen, um uns an unserem Sein zu freuen, mit allen Hilfsmitteln, die zur Verfügung stehen. Aber wir dürfen uns nicht selbst die Chance nehmen, Bilanz zu ziehen.

Ich will mit Staunen in diese neue Phase hineingehen, neu meine Grenzen annehmen, neu erkennen, was Gott mit mir vorhat.

Ich muss nicht sein, wie ich früher war. Ich kann nicht sein, wer ich früher war.

Aber ich will sein, wie Gott denkt, dass ich werden soll.

Zum Nachdenken:

1. Neue Schwerpunkte setzen
   Stellen Sie sich der Tatsache, dass ein Teil Ihres Lebens vorbei ist! Ich hörte vor einiger Zeit, dass mit 10 Lebensjahren der größte Teil unseres Lebens vorbei ist. Ein interessanter Gedanke, wenn man darüber nachdenkt, wie sich in der Zeit

danach das Gefühl für Tage, Wochen, Jahre ständig weiter verkürzt.

Welche Schwerpunkte will ich für diese Phase meines Lebens setzen? Was ist wirklich wichtig?

2. Die neuen Grenzen setzen

Wer sich mit seinen Veränderungen nicht annehmen kann, wird ständig etwas zu jammern finden und seine Kraft in falsche Ziele stecken.

Wenn ich weiß, dass meine Kraft kleiner ist, brauche ich nicht ständig zu jammern. Es ist so gegeben, dass ich mit weniger leben muss. Jammern hilft nichts. Was man ändern kann, sollte man in Angriff nehmen und den Rest hinnehmen. Jetzt kommt es darauf an, dass mir bewusst wird, dass das Aussehen nicht das Wichtigste ist. Das Innere muss mehr gepflegt werden. Dankbar werden hilft gegen Altern. Der Dankbare findet immer Grund dazu. Dinge hinnehmen, die ich nicht ändern kann, ist angesagt.

Worüber jammere ich häufig?

Wie kann ich in Zukunft damit umgehen?

Was kann ich ändern?

Was muss ich hinnehmen?

3. Erinnerungen nicht verdrängen

Wenn alte Erinnerungen hochkommen, sollte ich sie nicht verdrängen!

Wo sind Möglichkeiten vorhanden, alte Zwistigkeiten in Ordnung zu bringen?

Wem trage ich etwas nach?

Mit wem lebe ich in Unfrieden, und wie könnte eine Lösung aussehen?

Bei wem habe ich alte Schulden zu begleichen?

Worüber sollte ich Buße tun?

Alte Schuld bekennen ist ein neuer Weg, Freude zu empfangen. Luther sagte wohl deshalb: »Buße ist ein fröhliches Geschäft.«

4. Das Heute nutzen
Welcher Mensch wartet auf mich?

Lebt die eigene Mutter noch und bittet um Zuwendung, was uns vielleicht manchmal lästig und fordernd erscheint? Jetzt ist es an der Zeit, über die Menschen nachzudenken, die uns brauchen, auch andere alte oder kranke Menschen in der Verwandtschaft oder Nachbarschaft.

Ich meine nicht, sich Schuldgefühle machen zu lassen, sondern freiwillig Liebe auszustreuen. Wie viele Menschen haben mir schon gesagt, wie sehr sie es heute bereuen, sich nicht um die Eltern gekümmert zu haben. Es gibt ein Zu-Spät.

5. Sich bewusst und neu unter die Führung Gottes begeben
Auch der Glaube altert. Mancher Glaube ist überaltert. Es geht wieder um einen gründlichen Hausputz.

In welchen Punkten ist mein Glaube zu sehr zur Gewohnheit geworden und erstarrt?

Wie sieht meine Gebetszeit aus? Sollte ich eine neue Form hineinbringen, um wirklich zu beten und nicht nur Tradition zu pflegen?

Wie sieht mein Gottesbild aus? Sehe ich in Gott den liebenden Vater oder den Gott, der seinen drohenden Zeigefinger auf mich richtet?

Lebe ich in der frohen Gemeinschaft mit Gott an jedem Tag?

Manchmal hilft ein neuer Bibellesezettel, eine andere Bibelübersetzung oder ein anderer Kommentar, damit wir wieder ein Bewusstsein für Gottes Wort bekommen.

6. Getrost in die Zukunft schauen
Gott kennt mein weiteres Leben – jede Stunde, jeden Tag, jedes Jahr. Er hält mich in seinen Händen mit diesem kleinen Leben. Jeder weitere Tag führt mich nicht nur zum Ende meines Lebens, sondern zu der Begegnung mit ihm, für den ich lebe und den ich liebe.

Mein Leben mit ihm hat seinen Anfang genommen, als ich ihn bat, mein Herr zu sein. Und dieses Leben wird nicht mit meinem letzten Atemhauch enden, sondern erst richtig anfangen, wenn ich ihn von Angesicht zu Angesicht sehe. Ich habe allen Grund, gelassen in die Zukunft zu schauen.

Sicher werde ich nicht vor mancher Krankheit, vielleicht auch nicht vor manchem Schmerz bewahrt, aber Jesus Christus hat mir zugesagt, alle Tage bei mir zu sein (Mt 28,20).

Mutmachend ist es für mich, Lebenserfahrungen von Frauen zu lesen, die diese Zeit ihres Frauseins schon hinter sich haben.

Golda Meir, die verstorbene Ministerpräsidentin von Israel, arbeitete in ihren späten Jahren mehr als je zuvor in ihrem Leben. Immer wieder sollen sie ihre Familienangehörigen bedrängt haben, langsamer zu machen. Sie antwortete darauf: »Warum? Ich habe jetzt mehr Energie und Gesundheit, als ich je in meinen Jugendjahren besaß.«

Nicht jede Frau wird diese Erfahrung machen, sosehr ich sie uns allen wünsche. Aber wichtig ist es zu wissen, dass – wenn wir gelernt haben, mit der neuen Lebensphase umzugehen – sie uns die Augen öffnet dafür, dass diese Erde nicht das Letzte ist. Wenn Gott mir Gnade schenkt, möchte ich gelassen in diese Phase gehen und dabei lernen, was für mich »dran« ist. Möge bei allem, was geschieht, mir Jesus vor Augen stehen. Wenn ich ihn ansehe, ist die Zeit nicht nur der bevorstehende Herbst meines Lebens, in den ich täglich mehr hineingehe, sondern das Näherkommen an den eigentlichen Sinn meines Lebens bei Gott zu sein, allezeit. So gesehen habe ich erst ein Sandkorn meines Lebens gelebt als Beginn des Lebens, das noch vor mir steht, ein Leben, in dem er alle Tränen abwischen wird.

Bei allen Veränderungen, die dieses Leben über vierzig nun mit sich bringt, will ich mir bewusst machen: Dieser Körper ist vergänglich. Er erinnert mich mit seinem Älterwerden daran, dass er vergehen wird. Er sagt mir unmissverständlich, dass er geschaffen ist, um in diesem Leben zu klären, wohin mein Geist gehört.

Meinen Körper darf und muss ich pflegen, weil er mir anvertraut ist. Meine Seele darf und muss ich in Schutz nehmen, weil sie Sitz meiner Gefühle ist.

Aber nur mein Geist ist wichtig, um meinem Gott als einem gnädigen Gott zu begegnen. Dazu soll mein Denken, Reden, Handeln dienen, zu diesem Gott, der mir Leib, Seele und Geist gab, zurückzukehren. Herbert A. Gornik drückt es in wenigen Worten so aus:

Geglücktes Leben

Bewahren, was uns geschenkt ist
Aushalten, was uns schwächen will
Annehmen, was uns reifen lässt
Finden, was uns stark macht
Wagen, was nach vorn weist
Erinnern, woher wir kommen
Loslassen, was uns einengt
Stark werden, indem wir Schwäche zeigen
Nicht nachlassen
auch wenn um uns alles scheitert
gegen den Strom schwimmen –
der Quelle entgegen.